W0072411

KYNOS RATGEBER

DALMATINER

Geraldine Gregory

KYNOS VERLAG

INHALTSVERZEICHNIS

IMPRESSUM

© 1994 KYNOS VERLAG Dr. Dieter Fleig GmbH
Am Remelsbach 30 - D-54570 Mürlenbach/Eifel
Telefon: 06594/653 - Telefax: 06594/452

ISBN-Nr.: 3-929545-01-2

© Englische Originalausgabe
Ringpress Books Limited,
Letchworth 1994
Druck und Herstellung: Bookbuilders Ltd. Hong Kong

Fotos: Carol Ann Johnson

Titelbild: Double Dee from Dallyvista (Jodie)
Züchter: Janet Shuttleworth, Besitzer: Malcolm und Brenda Smith

Übersetzung: D. und H. Fleig

Rassestandard der FCI: DALMATINER
FCI-Standard Nr. 153 (25.09.1992)
Ursprungsland: Zentraler Mittelmeerraum

Allgemeines Erscheinungsbild. Der Dalmatiner ist ein augenfällig getupfter, starker, muskulöser und lebhafter Hund. Er ist symmetrisch in seinen Umrissen, frei von Grobheiten und Schwerfälligkeiten und fähig, mit großer Ausdauer schnell zu laufen.

Verhalten und Charakter. Angenehmes Wesen, freundlich, nicht scheu oder zurückhaltend und frei von Nervosität und Aggressivität.

Kopf und Schädel. Der Kopf ist von guter Länge. Der Schädel soll flach, zwischen den Ohren am breitesten und an den Schläfen gut geformt sein. Er soll einen deutlichen Stop aufweisen. Falten sind unerwünscht. Der Fang ist lang und kräftig und darf nicht spitz zulaufen. Die Lefzen sollen eng am Kiefer anliegen und nicht überhängen. Die Nase ist beim schwarz getupften Farbschlag immer schwarz und beim braun getupften Farbschlag entsprechend braun.

Fang und Gebiß. Kräftige Kiefer. Perfektes, regelmäßiges und vollständiges Scherengebiß.

Augen. Die Augen sollen mäßig auseinander liegen und von mittlerer Größe sein; rund, klar und funkelnd, mit einem intelligenten Ausdruck. Beim schwarz getupften Farbschlag müssen die Augen dunkel und beim braun getupften mittelbraun bis bernsteinfarbig sein. Die Lidränder sind beim schwarz getupften Farbschlag durchgehend schwarz oder sehr dunkel und beim braun getupften Farbschlag durchgehend braun.

Behang. Die Ohren sind hoch angesetzt, von mittlerer Größe und ziemlich breit im Ansatz. Am Kopf anliegend getragen, werden sie allmählich schmaler bis zu ihrer abgerundeten Spitze. Sie sind dünn und fein in ihrer Struktur und gut getupft.

Hals. Der Hals soll mäßig lang, gut gewölbt und leicht sein. Er soll zum Kopf hin schmaler werden und ganz ohne Wamme sein.

Körper. Die Brust soll tief und geräumig sein. Die Rippen sind gut gewölbt und der Widerrist gut abgesetzt. Der Rücken ist kraftvoll und gerade, die Lenden stark bemuskelt und leicht gewölbt.

Rute. Ungefähr bis zum Sprunggelenkhöcker reichend, kräftig am Ansatz und gegen das Ende gleichmäßig dünner werdend und keinesfalls grob. Die Rute soll weder zu tief noch zu hoch angesetzt sein. Leichte Aufwärtsbiegung, aber keinesfalls geringelt. Tupfen sind erwünscht.

GLIEDMASSEN

Vorhand. Die Schultern sollen leicht schräg und trocken bemuskelt sein. Die Ellbogen müssen eng am Körper anliegen. Die Vorderläufe sind völlig gerade, starkknochig und kräftig. Die Vorderfußwurzelgelenke sollen Elastizität zeigen.

Hinterhand. Muskeln stark entwickelt und gut sichtbar. Kniegelenke gut gewinkelt. Leicht angewinkelte Sprunggelenke. Von hinten gesehen sind die Läufe parallel.

Pfoten. Rund, fest, mit gut gewölbten Zehen (Katzenpfoten) und runden, zähen, elastischen Ballen. Die Zehennägel sind schwarz oder weiß beim schwarz getupften Farbschlag, beziehungsweise braun oder weiß beim braun getupften.

Gangwerk, Bewegung. Völlig gelöster Bewegungsablauf und regelmäßige, kraftvolle, rhythmische Bewegung mit ausgreifendem Schritt. Von hinten gesehen bewegen sich die Läufe parallel, die Hinterhand in der Spur der Vorderhand tretend. Kurze Schritte und paddelnde Bewegungen sind fehlerhaft.

Haarkleid. Kurz, hart, dicht, glatt und glänzend.

Farbe. Die Grundfarbe ist rein weiß. Tiefschwarze Tupfen beim schwarzen Farbschlag und leberbraune beim braunen Farbschlag. Die Tupfen sollen nicht ineinanderlaufen, rund, klar begrenzt und gut verteilt sein. Die Größe soll 2 bis 3 Zentimeter im Durchmesser betragen. Die Tupfen am Kopf, an der Rute und an den Gliedmassen sollen kleiner sein.

(Fortsetzung Seite 5 unten)

3

Seine spektakuläre Zeichnung und aufgeweckte Persönlichkeit machen den Dalmatiner zum großen Favoriten zahlreicher Hundeliebhaber.

Geraldine Gregory hat über nahezu dreißig Jahre selbst Dalmatiner gezüchtet, ausgestellt und gerichtet, erfreute sich mit ihrem Zwinger Spotarton großer Erfolge. Sie hat im schwarzen wie braunen Farbschlag eine ganze Anzahl Champions herausgebracht. Immer achtete sie sorgfältig, daß ihre selbstgezüchteten Dalmatiner sich durch Typ, Lebensfreude und offenes Wesen auszeichneten, Eigenschaften, die für diese Rasse so besonders wichtig sind.

Die Dalmatiner von Geraldine wurden immer besonders sorgfältig gepflegt. Geraldine Gregory schrieb Rassegeschichte, als sich einer ihrer Champions fünf Jahre hintereinander für die englischen »Veteran Stakes« qualifizierte. Bei seinem letzten Auftreten begleiteten diesen Rüden auch noch ein Sohn und eine Tochter, beide Champions. Geraldine ist international anerkannte Championats-Ausstellungsrichterin und Mitglied des Vorstands beim North of England Dalmatian Club.

(Fortsetzung des Rassestandards von Seite 3)

Größe/Gewicht. Die Ausgewogenheit der Proportionen ist von hoher Bedeutung.

Idealgrößen: Rüden: 56 - 61 cm   Hündinnen: 54 - 59 cm

Idealgewicht: Rüden: ca. 27 kg   Hündinnen: ca. 24 kg

Fehler. Jede Abweichung von den vorgenannten Punkten muß als Fehler angesehen werden, dessen Bewertung im genauen Verhältnis zum Grad der Abweichung stehen sollte.

Anmerkung. Rüden müssen zwei offensichtlich normal entwickelte Hoden aufweisen, die sich vollständig im Hodensack befinden.

Kapitel 1

DER DALMATINER ALS HUNDERASSE

HERKUNFT Niemand weiß heute genau, wo und wie der Dalmatiner entstanden ist. Der »gefleckte Hund« begleitet den Menschen schon über sehr lange Zeit, man fand sogar in 2000 Jahre alten ägyptischen Gräbern schon Abbildungen. Der »spotted dog« hat eine Vielfalt von Namen. In Buffon's Werk *Histoire Naturelle* (etwa 1750) wird er als »Braque de Bengale« - also als Jagdhundetyp - abgebildet. In den Berichten über die Invasion der Wikinger auf Schottland wird er als »kleiner, dänischer Hund« erwähnt, wobei er als eine Art kleinere Ausgabe der harlekinfarbenen Deutschen Dogge (Great Dane) gesehen wird. Überwiegend ist man heute der Auffassung, die Rasse sei in Dalmatien entstanden, an der östlichen Adria Küste, von dort durch Reisende in andere Länder gelangt. Den ersten Hinweis auf die Rasse unter dem heute allgemein verbreiteten Namen Dalmatiner finden wir in Thomas Pennant's *Synopsis of Quadrupeds* (1771).

JAGDHUNDE Über die Jahre wurde der Dalmatiner auf vielfältige Art genutzt. Die frühen gefleckten Hunde sieht man als »Hounds«, wurden für die Jagd eingesetzt. Tatsächlich jagen auch in jüngerer Zeit Dalmatiner mit Hound-Meuten zusammen. Sie werden von Meute und Jägern voll akzeptiert, kehren offensichtlich in ihre Jagdhund-Vergangenheit zurück. Zigeuner wurden durch das ungewöhnliche Äußere der Rasse angezogen, sie bauten diese gefleckten Hunde in ihre Zirkusprogramme ein.

WAGENHUNDE Am bekanntesten wurde der Dalmatiner in seiner Rolle als Wagenhund (coach or carriage dog). Dabei liefen die Hunde mit den Kutschen des Adels, schützten Pferde, Wagen und Insassen. Bei mehrtägigen Reisen verbrachten die Dalmatiner die Nächte in den Ställen und bewachten die Pferde.

Die Hunde waren hilfreich als Wächter, besonderer Wertschätzung aber erfreuten sie sich wegen ihres vornehmen Aussehens. Bald wurde es zur modischen Attraktion, daß Herrschaften gepflegte Hunde hinter ihren Familienkutschen nachlaufen ließen. Ein Holzstich von Thomas Bewick (ca. 1790) zeigt den Dalmatiner als *Carriage Dog*, eine Reihe anderer Werke um 1800 zeigen die Rasse in gleicher Aufgabe. Als die Pferdekutschen immer weniger wurden, entfiel auch für den Dalmatiner die Arbeitsgrundlage. In Amerika wurden sie jetzt vielerorts als Maskottchen von der Feuerwehr adoptiert, liefen wieder hinter von Pferden gezogenen Fahrzeugen. Später saßen sie nach dem Vordringen des Verbrennungsmotors neben den Feuerwehrmännern auf dem Löschfahrzeug. So wurde aus dem alten Wagenhund der »Feuerwehrhund« (»Fire Dog«).

Heute ist der Dalmatiner als Familienhund verbreitet, paßt sich bereitwillig den meisten Lebensumständen an, ist immer mit *seinen Menschen* am glücklichsten. Liebevoll bezeichnet man sie heute auch als *plum pudding dogs*. Für die meisten jungen Leute (und einige weniger junge) bleiben sie aber unverändert der *gefleckte Hund (spotty dog)*.

DER DALMATINER ALS HUNDERASSE

ÖFFENTLICHES ANSEHEN   Das ungewöhnliche und aristokratische Äußere des Dalmatiners hat dazu geführt, daß diese Rasse immer stark für Werbekampagnen und Filme eingesetzt wurde. Die Anzahl der Produkte, denen der Dalmatiner seinen Namen geliehen hat, ist groß, von Ziegelsteinen über Banken, Lebensmittel, Bekleidung bis zum Schmuck. In der Fotografie hat der Dalmatiner viel Beachtung gefunden - als Hunderasse wie auch neben einem Modell. Er wurde eine liebenswerte Zugabe zu jeder Werbung, gab dem beworbenen Produkt eine größere Erinnerung.

Auch die Filmindustrie nutzte den Dalmatiner, besonders in historischen Filmen, bei denen die Rasse in ihrer Aufgabe als Wagenhund gezeigt wird. Natürlich ist der bekannteste Film über die Rasse von Walt Disney - *101 Dalmatians*. Das Originalbuch wurde von Dodie Smith geschrieben, die Dalmatiner-Besitzerin war, auch über viele Jahre dem British Dalmatian Club angehörte. Mehr als einmal habe ich mir diesen Film angesehen. Ich bin sicher, daß all die Menschen, die *101 Dalmatian* als Film gezeichnet haben, unzählige Stunden verbracht haben müssen, die Rasse zu studieren, denn Ausdruck und das gesamte Verhalten der Tiere sind absolut lebensecht. Ich bin überzeugt, wer immer einen Dalmatiner besitzt, findet seinen eigenen Hund an irgendeiner Stelle im Film wieder.

ALLGEMEINE ERSCHEINUNG   Mit seinen spektakulären Markierungen von schwarzen oder braunen Flecken gegen einen reinweißen Hintergrund bietet der Dalmatiner immer einen besonders hübschen Anblick. Das Wesen der Rasse ist ebenso vornehm, wer immer diesen Hund besaß, wird es bestätigen. Für den Dalmatiner besonders typisch ist sein offenes und freundliches Wesen. Keinesfalls darf der Dalmatiner nervös oder gar aggressiv sein, ist aber dennoch durchaus in der Lage, Familie und Zuhause zu verteidigen und zu schützen.

Der Dalmatiner ist ein sehr loyaler Lebensgefährte, schenkt alle Liebe, die Du ihm zu geben vermagst, zurück, wahrscheinlich sogar noch einiges mehr. Diese Hunde lieben die Gesellschaft des Menschen, freuen sich, Mitglied der Familie zu sein. Sie sind voller Humor und Lebensfreude, passen sich den meisten Lebensumständen an, seien sie langsam und gesetzt oder schnell und hektisch.

Obgleich Dalmatiner nicht gerade leicht zu erziehen sind, kann man sie mit Geduld für viele Aufgaben ausbilden, sie passen sich sogar ihrer Rolle aus der Vergangenheit als Jagdhund vor der Flinte an. Als Rasse sind Dalmatiner sehr intelligent, und vor ein Problem gestellt finden die meisten Dalmatiner in der Regel selbst eine Antwort, meist zu ihrem eigenen Vorteil!

Dies ist eine Hunderasse, welche Bewegung liebt. Wirklich - es ist sehr schwer, einen erwachsenen Dalmatiner müde zu bekommen - Du bist völlig geschafft, aber Dein Hund ist bereits nach wenigen Minuten der Ruhe bereit, von vorne zu beginnen. Denke daran, ein *Carriage Dog* mußte täglich fünfzehn bis zwanzig Meilen laufen, (das sind 24 bis 32 Kilometer) Tag für Tag, dabei mit den Pferden Schritt halten. Trotzdem - auch der Dalmatiner liebt seine persönliche Bequemlichkeit - schnell wird er auf seinem Ruheplatz vor dem Kamin bestehen.

Dies alles klingt, als sei der Dalmatiner der perfekte Haushund für jedermann. Das ist aber durchaus nicht immer der Fall. Dalmatiner können recht dickköpfig sein, tun manchmal das, was man von ihnen verlangt, nur wenn es ihnen paßt. Sie brauchen

Ein Dalmatinerpaar hinter der Familienkutsche wurde zum Statussymbol.

Auch heute scheinen Dalmatiner eine enge Beziehung zu Pferden zu haben.

Rüden sind
größer und
kraftvoller als
Hündinnen
- manchmal
sind sie auch
eine eigen-
willigere
Persönlichkeit.

Der braun-
gefleckte
Dalmatiner ist
genauso at-
trakktiv wie
der schwarz
gefleckte, aber
es gibt nicht
viele. Du
entscheidest
Dich für eine
Hündin, denke
daran, daß sie
zweimal jähr-
lich heiß wird.

in der Erziehung sehr viel Geduld, eine feste Hand. Dies gilt besonders für »Rüden-Teenager« (im Alter von ein bis zwei Jahren). Geistig muß man ihnen immer einen Schritt voraus sein. Vergißt man dies, riskiert man, daß der Hund zum Rudelführer wird. Ein Dalmatiner ist weitaus stärker als sich viele vorstellen. Der freundliche, gefleckte Hund versteckt unter seinem Fell eine ganze Menge an Gewicht und Muskulatur. Kleine Kinder sind körperlich nicht in der Lage, einen Dalmatiner über die Leine zu kontrollieren; niemals sollten sie ihn unbegleitet auf Spaziergängen führen.

DER EIGENE DALMATINER Die Aufnahme eines Hundes - gleich welcher Rasse - ist immer eine Verpflichtung, die man für ein ganzes Hundeleben eingeht. Niemals sollte man einen Welpen kaufen, ohne auch über die Nachteile nachzudenken, die ein solcher Besitz mit sich bringt. Bestehen Zweifel, sollte man noch länger über die Verantwortung des Hundebesitzers in einer sich ständig verändernden Gesellschaft nachdenken, in der es eine starke hundefeindliche Bewegung gibt.

Im Durchschnitt erreicht ein Dalmatiner ein Lebensalter von elf bis zwölf Jahren, einige werden sogar vierzehn bis sechzehn Jahre alt. Über zehn und mehr Jahre besitzt man einen Hund, voll Leben und Temperament, der eine ganze Menge zeitraubenden Auslauf braucht. Selbst in ihrem späteren Leben werden Dalmatiner nicht - wie einige andere Rassen - mit der Zeit langsam und gemütlich.

Bevor man sich also für eine solche Aufgabe entscheidet, sollte man sich nachstehende Fragen stellen:

1. *Kannst Du es Dir leisten, einen mittelgroßen, aktiven Hund zu halten?* Die Ausgaben enden nicht mit dem Kaufpreis. Man bezahlt Tierarztkosten, Hundefutter, kauft Ausrüstung wie Leine, Halsband, Hundelager und Pflegeausrüstung.

2. *Hast Du den notwendigen Raum?* Du brauchst Platz, wo sich Dein Dalmatiner innerhalb des Hauses wohlfühlt, auch einen ausbruchsicher eingezäunten Garten passender Größe.

3. *Hast Du genügend Zeit und Energie für Deinen Dalmatiner?* Tagtäglich wird Dein Hund einen Teil Deiner Freizeit, für Fütterung, Fellpflege und Auslauf in Anspruch nehmen. Nicht nur die ersten Wochen und Monate, sondern sein ganzes Leben!

4. *Ist tagtäglich über die meiste Zeit ein Familienmitglied zu Hause?* Dalmatiner sind keine Hunderasse, die man sich über acht Stunden täglich, über fünf Tage wöchentlich selbst überlassen kann, während die »Familie« zur Arbeit unterwegs ist. Wird ein Hund regelmäßig über längere Zeiträume allein gelassen, wird er sich langweilen, und ein frustrierter Dalmatiner kann leicht zerstörerisch tätig werden.

5. *Möchte das Familienmitglied, das meist zu Hause ist, wirklich einen Hund?* Zwangsläufig ist dies der Mensch, der den Hund füttert, pflegt und ausführt. Deshalb mußt Du sicher sein, daß sich diese Regelung Tag für Tag bewährt.

Obige Frageliste mag entmutigend erscheinen. Aber es ist weitaus besser, sorgfältig nachzudenken als loszulaufen, den ersten Dalmatiner zu kaufen, dem man begegnet. Hundebesitz ist eine der lohnendsten Erfahrungen. Bist Du und Deine Familie nach richtiger Überlegung sicher, daß Du Deinem Dalmatiner ein passendes Zuhause bieten kannst, kann ich Dir versichern, daß Du diese Entscheidung nie bereuen wirst.

DER DALMATINER ALS HUNDERASSE

DER RICHTIGE ZÜCHTER Wichtig ist immer der richtige Start ins Leben als Hundebesitzer. Deine erste Aufgabe ist, einen verantwortungsbewußten Züchter zu finden, der hübsche, gesunde Dalmatiner verkauft. Der nationale Hundezuchtverband vermittelt Dir eine Liste der Dalmatinerzuchtvereine, diese geben Dir gerne Namen und Adresse von Züchtern in Deiner Umgebung. Ehe Du aber einen Besuch mit einem Züchter vereinbarst, bedarf es einer Reihe weiterer Entscheidungen:

RÜDE ODER HÜNDIN? Dies ist wirklich eine sehr persönliche Wahl, aber es gibt einige praktische Unterschiede der Geschlechter, die man einfach wissen muß.

1. Rüden sind in der Regel größer als Hündinnen. Dies bedeutet natürlich, daß sie auch beträchtlich schwerer und kräftiger sind.

2. Rüden sind manchmal stärkere Persönlichkeiten als Hündinnen; ihre Kontrolle kann deshalb etwas schwieriger sein.

3. Hündinnen - wenn man sie nicht kastriert - werden über ihr langes Leben in regelmäßigen Abständen heiß. Die Häufigkeit dieser Hitzen variiert von Hündin zu Hündin, im allgemeinen sind es immer sechs oder sieben Monate von Hitze zu Hitze, die Abstände können aber auch beträchtlich größer sein. Während ihrer Hitze, die ungefähr einundzwanzig Tage dauert, halten sich die meisten Hündinnen selbst recht sauber, trotzdem gibt es immer Flecken auf dem Lager. Über einen Teil der Hitze ist die Hündin Rüden gegenüber sehr aufgeschlossen - im allgemeinen vier oder fünf Tage in der Mitte der Hitze. Man muß aufpassen, daß keine unerwünschte Paarung erfolgt. Weder darf man der Hündin das Herumstromern erlauben, noch darf man Rüden zu ihr lassen. Möchtest Du nicht züchten, kann die Hündin nach ihrer ersten Hitze kastriert werden. Es gibt auch Möglichkeiten, über Injektionen oder Tabletten die Hitze zeitlich zu kontrollieren.

4. Hast Du bereits einen Hund und denkst an einen zweiten, ist es meist besser, den neuen Hund dann vom anderen Geschlecht zu wählen, einen oder beide Hunde zu kastrieren. Die Haltung zweier Hunde gleichen Geschlechts kann zu Problemen führen, wenn es zu Auseinandersetzungen über die Rangordnung kommt - meist wenn der Junghund heranwächst.

ZWEI JUNGHUNDE? So verführerisch es auch sein mag, zwei Welpen zur wechselseitigen Gesellschaft zu kaufen - oder auch aus anderen Gründen. Man sollte zweimal darüber nachdenken. Abgesehen von den Gründen gegen zwei gleichgeschlechtliche Hunde liegt das wichtigste Problem bei der Erziehung. *Es ist nahezu unmöglich, zwei Junghunde gleichzeitig auszubilden.* Ein Junghund erfordert ungeteilte Aufmerksamkeit. Während man den einen Hund erzieht, richtet der andere Unheil an. Möchtest Du deshalb zwei Dalmatiner halten, solltest Du immer erst einen kaufen. Wenn dieser vernünftig erzogen ist und sich ordentlich benimmt (meist so etwa mit zwölf bis achtzehn Monaten) - erst dann kommt der zweite Junghund dazu. Zu diesem Zeitpunkt wird der ältere Hund sogar bei der Erziehung des Welpen helfen.

Mit sechs Wochen haben die meisten Welpen schon Flecken, aber in aller Regel erscheinen über die nächsten Monate noch weitere.

Kapitel 2

KAUF EINES DALMATINERS

BESUCH BEIM ZÜCHTER Wenn Du die Adressen einiger Dalmatiner-Züchter in
Deiner Gegend herausgefunden hast, solltest Du Kontakt aufnehmen, die Möglichkeit eines Welpenkaufs besprechen. Dabei ist es meist nicht richtig, nur den ganz in
der Nähe wohnenden Züchter zu wählen oder einen, der auf Anhieb Welpen anbieten kann. Sage dem Züchter offen, wonach Du Ausschau hältst, Rüde oder Hündin,
schwarz oder braun gefleckt, ob Du Ausstellungen besuchen willst (Kapitel 6: Ausstellungen) einfach nur einen Haushund möchtest, oder selbst züchten willst.

Trotz ihres hohen Ansehens und modischen Attraktivität ist diese Rasse weniger
kommerziell ausgerichtet, die meisten wahren Liebhaber der Rasse hüten sich davor,
zu viele Welpen zu züchten. Aus diesem Grunde sind Würfe in der Regel schon vor
oder kurz nach der Geburt vorbestellt. Viele der Spitzenzüchter haben Wartelisten für
ihre Welpen, deshalb könnte ein gewünschter Welpe nicht gleich verfügbar sein.

Lasse Dir Zeit, wenn möglich solltest Du Dir mehrere Würfe ansehen, ehe Du
Dich endgültig entscheidest. Alle Welpen sind süß und ansprechend - gleich von
welcher Rasse - deshalb solltest Du darauf achten, daß Dein Verstand Dein Herz re-
giert, immerhin mußt Du hier eine sehr wichtige Entscheidung treffen.

*Frage den Züch-
ter, ob Du Dir
auch die Mutter
der Welpen
ansehen kannst.
Sie sollte freund-
lich und fröhlich
sein, ein Hinweis
darauf, daß
ihre Welpen das
gleiche gute
Wesen haben.*

DALMATINER

Viele verantwortungsbewußte Züchter werden sich vergewissern, ob Du und Dein Zuhause ihren Welpen ein gutes Heim bieten. Deshalb wappne Dich auf eine ganze Menge forschender Fragen, ehe sie Dich auf ihrer Warteliste aufnehmen. Fühle Dich durch solche Fragen nicht beleidigt - sie entstammen der tiefen Liebe zum Dalmatiner, dem Wunsch des Züchters, für seinen Welpen ein lebenslängliches, gutes Zuhause zu finden. Wahrscheinlich wirst Du auch feststellen, daß der Züchter sich lebenslang weiter um Deinen Welpen kümmern wird, er wird Rat und Hilfe bieten, ganz gleich, wann man ihn bittet. Du solltest Deinen Welpen von einem Züchter kaufen, der wirklich an der Rasse interessiert ist, nicht von gewerblichen Hundezuchtanstalten, die viele Rassen anbieten. Dalmatiner sind wirklich keine Hunderasse, die man von Großzüchtern kaufen sollte, auch wenn sie gut geführt erscheinen.

Die beste Zeit für den Welpenkauf ist das Frühjahr, meist liegt gutes Sommerwetter vor uns, ideal um das neue Familienmitglied von Anfang an richtig zu erziehen. Leider werden nicht immer alle Welpen gerade zur besten Zeit geboren, deshalb solltest Du durchaus auf den Welpen auch etwas warten können.

WURFBESICHTIGUNG Wenn Du Dir zum erstenmal einen Dalmatiner kaufst, solltest Du unbedingt den Wurf schon sehr früh ansehen, wenn der Züchter es erlaubt. Hierbei wirst Du schnell ein klares Bild gewinnen, wie ein guter Dalmatinerwurf aussieht. Es macht aber wenig Sinn, die Auswahl vor einem Alter von sechs Wochen zu versuchen, da sich die Welpen vor diesem Zeitpunkt noch stark verändern. Keinesfalls solltest Du Deinen Welpen mit nach Hause nehmen, ehe er zumindest sieben oder acht Wochen alt ist.

Deinen Besuch zur Wurfbesichtigung solltest Du nach Möglichkeit immer so einrichten, daß Du zu einem Zeitpunkt kommst, wenn die Welpen am aktivsten sind. Falsch wäre es, direkt nach der Fütterung anzukommen, denn dann wollen die Welpen schlafen. Die wichtigsten Punkte, auf die Du bei Deinem Besuch achten mußt, sind immer die gleichen, ob sich der Wurf im Zwinger oder im Haus befindet. Kondition und Gesundheit Deines Welpen hängen außerordentlich stark davon ab, mit welcher Sorgfalt er über die ersten paar Wochen aufgezogen wird.

Welpen lassen sich nicht leicht kontrollieren, gerade wenn es ein großer Wurf ist. Deshalb werden die Welpen in der Regel entweder im Welpenraum oder einem kleinen Auslauf gehalten. Dieser Bereich muß sauber, trocken und zugfrei sein. Insbesondere die Einstreu in der Schlafkiste muß ansprechend reinlich sein. Die Welpen sehen sauber und gesund aus und riechen auch so; in der Regel werden sie recht lebhaft sein. Wenn bei Deiner Ankunft die Welpen gerade schlafen, sollten sie gelöst im Schlafraum verteilt sein, nicht übereinander auf einem Haufen. Dies ist ein Hinweis, daß alle warm und zufrieden sind, nicht der Wärme wegen zusammenkriechen. Die besten Welpen zur Wahl sind die, die auf Dich zulaufen, mit klaren Augen, wedelnder Rute. Ganz gleich, wie süß Du den kleinen Welpen findest, der sich in eine Ecke zurückgezogen hat, kaufen solltest Du ihn nicht! Alle Dalmatinerwelpen sind freundlich, an Menschen interessiert, keinesfalls scheu oder nervös, oder sie haben in der Regel kein gutes Wesen. Manchmal hat man sogar den Eindruck, ein Welpe wähle seinen Menschen selbst aus. Wenn auch Du diesen Welpen magst, solltest Du ihn ruhig kaufen.

KAUF EINES DALMATINERS

Von Zeit zu Zeit gewinnt man den Eindruck, die Welpen kämpften miteinander. In der Regel ist dies kein Zeichen dafür, daß sie im späteren Alter aggressiv sein werden, vielmehr ist es normales hundliches Verhalten in einem Wurf, wobei es selbst in jungem Alter darum geht, wer im Wurf Dominanz erringt. Alle Rudelmitglieder unterliegen einer »Hackordnung«. Anders ausgedrückt, einer muß der Boß sein, die anderen bilden darunter eine eigene Rangordnung. Man muß wissen, daß der kleine »Welpenboß« meist die stärkste Persönlichkeit ist.

Wenn Du Dir die Welpen ansiehst, lasse Dir unbedingt auch ihre Mutter zeigen. Sie erlaubt bessere Rückschlüsse auf das künftige Wesen Deines Welpen als der Welpe selbst. Hoffentlich begrüßt sie Dich freudig, ist voller guter Laune und freut sich, ihre Welpen zu präsentieren. Anders ist dies in den ersten ein bis drei Wochen nach der Geburt. Wenn Du ihr da begegnest und sie bemüht sich darum, ihren Wurf zu schützen, ist dies absolut normal. Sind die Welpen aber etwa fünf Wochen alt, von ihrer Mutter wesentlich unabhängiger, sollte sie wieder ihr Normalverhalten zeigen. Ist sie jetzt Dir gegenüber nervös oder aggressiv, ist es durchaus möglich, daß sie dieses Verhaltensmuster gegenüber Menschen auch auf ihre Welpen überträgt. Dies könnte für die Zukunft Schwierigkeiten bringen, obwohl es mit einiger Geduld und Zeit meist korrigiert werden kann.

Nicht immer ist es möglich, ohne eine größere Reise den Vater des Wurfes zu sehen. Die meisten Züchter besitzen den Zuchtrüden nicht selbst, sondern lassen ihre Hündin von einem Rüden anderer Züchter decken. Aber als Informationsquelle für die Zukunft ist es durchaus interessant, diese Reise anzutreten, sich den Rüden anzusehen, insbesondere wenn man sich einen Rüdenwelpen kauft.

DIE RICHTIGE WAHL Sieht man sich einen Dalmatinerwurf an, muß man wissen, daß sieben Wochen alte Welpen noch nicht alle ihre Flecken zeigen. Noch über mehrere Monate treten neue auf. Ein stark gefleckter Welpe mit wenig weiß im Alter von sechs Wochen wird als erwachsener Hund noch viel stärker gefleckt sein. Wenn Du Dir einen Welpen anschaust und etwas in seinem Äußeren nicht magst - etwa zu viele Flecken, ein schwarzes Ohr, ein blaues Auge - kaufe ihn nicht! Wenn der Welpe heranwächst, wird sich dies noch verstärken, und Dich vielleicht immer stören.

Kaufe keinen Welpen, wenn Du Dich nicht wirklich sicher fühlst, so verführerisch er auch sein mag. Halte Dir vor Augen, mit diesem Welpen mußt Du leben, ihn über viele kommende Jahre wirklich lieben!

Es ist keineswegs sicher, daß der kleinste oder der größte Welpe in einem Wurf immer klein oder so groß sein wird. Haben die Welpen den Wurf verlassen, kann sich viel ändern. Die Größe des ausgewachsenen Hundes ist von vielen verschiedenartigen Faktoren abhängig. Die Auswahl des richtigen Welpen ist nicht so leicht wie Du es Dir gedacht hast, aber gehe sorgfältig vor, bis Du Dir wirklich sicher bist.

EINE WARNUNG Bei Dalmatinern gibt es ein Problem, das von den Züchtern immer zugegeben wurde, das ist die Prädisposition der Rasse für erbliche Taubheit (Kapitel 7: Dalmatinerzucht). Schon vor dem Verkaufsalter kann heute mit technisch hochentwickelten Geräten wie der BAER-Maschine ein Hörtest durchgeführt werden. Jeder überprüfte Welpe erhält ein tierärztliches Zertifikat über sein Hörvermögen. (Anmerkung des Übersetzers: In vielen Ländern gibt es hier einen technischen Nachhol-

Dies ist ein gesunder und fitter Welpe, es fehlt aber an Fleckung, und er hat ein blaues Auge. Trotzdem besitzt er alles, was einen erstklassigen Familienhund auszeichnet, aber Du mußt seine körperlichen »Fehler« berücksichtigen, die sich auch beim erwachsenen Hund nicht ändern werden.

Wenn Du für Deinen Dalmatiner Spielzeug kaufst, überzeuge Dich, daß es immer aus Material besteht, das ungefährlich ist, den Zähnen widersteht.

Es gibt viele Arten von Futterschüsseln auf dem Markt. Für einen Dalmatiner ist eine Edelstahlschüssel besonders geeignet.

17

bedarf). Wenn irgend möglich, sollte man nur einen Welpen kaufen, der einem Hörtest unterzogen wurde, insbesondere wenn man in Zukunft züchten möchte. *Niemals sollte man einen tauben Welpen kaufen, so attraktiv er auch scheinen mag.*

NAMENSGEBUNG Hast Du Dich für einen Welpen entschieden, solltest Du auch den richtigen Rufnamen auswählen. Dieser muß nicht mit dem vom Züchter in der Ahnentafel eingetragenen Namen übereinstimmen. Wähle einen Namen, der sich leicht aussprechen läßt, unterwegs gut zu rufen ist - denke darüber nach, wie sich der Name auf einem stark belebten Platz anhört. Einfach sind zweisilbige Namen, etwa »Amber«, »Susie« oder »Major«; sie eignen sich besser als einsilbige wie »Jet«. Natürlich sollte der Name zum Welpen passen, er wird ihn über viele Jahre tragen.

Es ist immer gut, dem Züchter ein Stück Tuch zu überlassen, das am Tag, ehe Du Deinen Welpen holst, im Wurflager deponiert wird. Wenn Du dies dann mit nach Hause nimmst, in das Lager des Welpen legst, umgeben ihn vertraute Gerüche, eine große Beruhigung, wenn er erstmals in seinem Leben alleine auf sich gestellt ist.

VORBEREITUNGEN Es gibt einiges zu tun, ehe Du Deinen Welpen nach Hause bringst. Plane genau, wo er seinen Schlafplatz hat, was er zu fressen bekommt, welche Ausrüstung notwendig ist. Es ist immer besser, diese Dinge im voraus zu treffen. Um so leichter fällt es, den Welpen in seiner neuen Umwelt heimisch zu machen.

UNTERKUNFT Dalmatiner können auch draußen im Zwinger leben, vorausgesetzt er ist sorgfältig gebaut, wasserdicht, frei von Nässe und Zugluft. Ein kleiner hölzerner Zwinger ist nicht gerade das Richtige, vielmehr empfiehlt sich eine Konstruktion aus Ziegelsteinen, Hohlblöcken oder Ähnlichem. Im Idealfall sollte das Gebäude hoch genug sein, um darin selbst aufrecht zu gehen, dadurch läßt es sich leicht reinigen. Das Lager muß etwas vom Boden abgehoben stehen - je nach Außentemperatur - richtiges Einstreu erhalten, wobei man immer daran denken sollte, Dalmatiner sind kurzhaarig. Der Ausschlupf sollte nie gegenüber der vorwiegenden Windrichtung offen sein, sonst wäre es für den Hund außerordentlich ungemütlich.

Natürlich kann sich ein Dalmatiner derartiger Zwingerhaltung anpassen, es besteht aber keinerlei Zweifel, daß Dalmatiner viel lieber im Hause leben. Insbesondere wenn Du Deinen Hund als Familienmitglied hältst, ist es viel besser, ihn wirklich als Teil der Familie zu behandeln. Entscheidest Du Dich, den Hund im Haus zu halten, lege fest, wo er schlafen soll. Der Bereich muß trocken und zugfrei sein, geräumig genug, daß sich ein ausgewachsener Dalmatiner bequem ausstrecken kann. Besonders wichtig: Ist die Stelle einmal festgelegt, ist sie für immer der »Hundeplatz«. Jeder Hund braucht etwas, das er als sein Eigen betrachten kann, eine Stelle, auf die er sich in Ruhe und Frieden zurückziehen kann - wenn er (oder Du) es wünscht.

LAGER UND HAUSKÄFIGE Solange der Welpe noch klein ist, empfiehlt sich, einen kräftigen Karton als Lager zu benutzen - aber unbedingt frei von irgendwelchen Metallklammern. Man schneidet einfach eine Seite als »Türe« aus, durch die der Welpe leicht Aus- und Einschlupf findet. Ein Welpe fühlt sich in einem kleineren Karton viel wohler und sicherer als in einem Lager für einen erwachsenen Hund. Im Laufe der Wochen kann man jeweils einen größeren Karton wählen, bis der Welpe groß genug ist, um ein Erwachsenenlager zu bekommen. Die Entscheidung über das Hundelager kann schwierig sein - es gibt sehr verschiedenartige Typen, darunter sind eine Reihe für Dalmatiner völlig ungeeignet, es sei denn, man ist bereit, immer wieder ein neues Lager zu kaufen. Korbgeflechte und weiches Material (beispielsweise »Beanbag«) werden vom Dalmatiner freudig zerkaut. Nierenförmige Plastikunterlagen sind wesentlich praktischer, aber selbst sie werden an den Rändern benagt. Die Größe des Lagers für den ausgewachsenen Dalmatiner sollte so beschaffen sein, daß er darin behaglich schlafen kann, der Durchmesser sollte etwa 68 bis 76 cm sein.

Du kannst auch überlegen, einen Hundekäfig zu kaufen - dies gehört in USA zur Standardausrüstung. Käfige sind außerordentlich nützlich und praktisch, vorausgesetzt man erzieht den Hund so, daß er den Käfig wirklich als »sein Lager« ansieht, auch bei offener Tür freiwillig hineingeht, darin nur über kurze Zeit eingeschlossen wird. Wichtig ist, daß der Käfig groß genug ist, daß der erwachsene Hund darin stehen, sich drehen und liegen kann. Für einen Welpen ist er natürlich viel zu groß. Hat man jedoch einen Welpen von vornherein an den Käfig als Schlafplatz gewöhnt, wird dieser ihn meist über sein ganzes Leben begleiten. Einige Käfige sind aus geschweißtem Stahldraht gefertigt, leicht zusammenzuklappen. Es gibt Käfige in vielen verschiedenen Größen und Formen (und Qualitäten!). Die Tür entweder vorne oder an der Seite; einige wurden auch für die verschiedenen Autotypen entwickelt. Vorteile von Käfigen sind mannigfaltig und bedeutend. Es gibt nachfolgende Pluspunkte:

1. Der Käfig ist voll zusammenklappbar, man kann ihn auch auf Autoreisen für den Hund verwenden. Er ist dabei fest untergebracht, kann auch nicht aus dem Auto springen, wenn die Tür aus irgendeinem Grund geöffnet wird.

2. Fernreisen werden einfacher, weil der Hund immer sein eigenes Bett mit hat, das ihm auch in fremder Umgebung Sicherheit vermittelt. Viele Hotels gestatten nicht, Hunde frei im Zimmer zu lassen. Hunden in Käfigen haben keine Schwierigkeiten.

3. Hat sich Dein Hund unglücklicherweise verletzt und muß zur schnellen und vollständigen Genesung ruhig gestellt werden, bietet ihm der Käfig während seiner erzwungenen Ruhe ein bequemes Lager.

4. Dann und wann hat man auch Besuch im Haus, wobei Hunde stören können. Dann ist der Hund auch in seinem Käfig ganz zufrieden.

EINLAGEN Dalmatiner brauchen ein bequemes Lager - kein Hund sollte auf nacktem Boden schlafen. Die Einlagen sollten immer so beschaffen sein, daß man sie entweder häufig waschen kann, also Bettücher, Wolldecken oder Flauscheinlagen wie zum Beispiel »vet bed«. In Zwingern kann man natürlich auch leicht erneuerbare Einstreu wie etwa Papier aus dem Reißwolf verwenden. Für Haushunde ist dies weniger geeignet, denn es bringt einigen Schmutz ins Haus.

FUTTERSCHÜSSELN Es gibt viele Arten von Schüsseln für Futter und Wasser. Rostfreier Stahl ist für Dalmatiner das Beste. Plastikschüsseln werden meist innerhalb kurzer Zeit angekaut. Keramikschüsseln können vom Hund hochgenommen und fallengelassen werden, Aluminiumschüsseln verfärben Hundezähne.

SPIELZEUG Spielzeug für Deinen Welpen sollte aus Material bestehen, das nicht leicht kaubar ist. Es darf auch nicht zu klein sein, sonst könnte der Hund es herunterschlingen und daran ersticken. Selbst kleine Welpenzähne können sehr destruktiv sein. Vollgummi- oder Plastikbälle (etwa Tennisgröße oder mehr), auch knochenförmiges Spielzeug sind brauchbar. Quietschspielzeug kann jungen Hunden viel Spaß

Für eine Familie mit kleinen Kindern sind Dalmatiner ideale Lebensgefährten. Niemals darf man aber einen Welpen bei seiner Ankunft der überschäumenden Freude zu vieler Menschen aussetzen.

machen, achte aber darauf, daß der Junghund nicht rund um den Quietscher kaut und ihn runterschluckt. Holzspielzeug ist weniger geeignet, der Hund könnte Splitter in den Fang bekommen.

Keinesfalls solltest Du Deinem Junghund einen alten Schuh zum Spielen geben, er begreift nicht, daß »neue Schuhe« keine Spielsachen sind. Eine preiswerte Idee ist, ein Stück alten Jeansstoff oder anderes strapazierfähiges Material (zum Beispiel ein Bein einer alten Jeanshose) zu nehmen - rolle es zusammen, knüpfe in der Mitte einen großen Knoten - damit kann ein Junghund über Stunden spielen. Das gleiche gilt für ein Stück sehr dickes, verknotetes Seil oder die industriell angebotenen Stoff-ziehspiele - sie alle sind nahezu unzerstörbar.

DER TIERARZT Ehe man seinen Welpen nach Hause holt, sollte man sich immer mit einem Tierarzt bekannt machen. Am besten läßt man sich einen fähigen Arzt vom Züchter oder anderen Hundebesitzern in der Nachbarschaft benennen. Sehr empfehlenswert: das kleine Buch KYNOS-RATGEBER: *Erste Hilfe für Hunde.*

Kapitel 3

AUFZUCHT DES JUNGHUNDES

DAS ABHOLEN   Hoffentlich mußt Du zum Abholen des Welpen nicht zu weit fahren. Ganz gleich wie groß die Entfernung ist, immer solltest Du versuchen, die Reise so früh wie möglich anzutreten, so daß der Neuankömmling genügend Zeit hat, sich vor dem Schlafengehen genügend mit seiner neuen Umwelt vertraut zu machen. Es ist viel leichter, zu zweit abzuholen, so daß sich der Beifahrer während der Reise um den Welpen kümmern kann. Niemals sollte man viele Menschen mitnehmen, insbesondere keine kleinen Kinder. Die Reise wird für den Welpen in seinem kurzen Leben das streßvollste Ereignis sein, man muß deshalb alles so gestalten, daß Belastungen vermieden werden. Verabrede mit dem Züchter, daß er den Welpen vor der Reise nicht füttert, andernfalls steigt die Gefahr, daß er reisekrank wird. Einige Hundebesitzer lassen den Welpen auf einem Frottiertuch oder einer Decke auf den Knien des Beifahrers reisen, dies wirkt beruhigend während der Reise. Hat man keinen Beifahrer und muß den Welpen alleine abholen, ist es wichtig, ihn zu sichern und ihm die Fahrt so angenehm wie möglich zu machen. Ideal ist eine mit Tüchern ausgepolsterte Transportbox oder ein Klappkäfig. In einem Kombi muß das Lager so befestigt sein, daß es während der Fahrt nicht verrutschen kann. Im Innenraum wird es am besten zwischen Beifahrersitz und Rückbank untergebracht. Dauert die Reise länger, muß sich der Welpe zwischendurch lösen. Vorsicht auf fremdem Gelände, besonders wenn der Welpe noch nicht genügend durchgeimpft ist.. Überall

Für einen Welpen kann die erste Nacht in neuer Umgebung zum Alptraum werden. Er wird die Wärme und Körperkontakt mit seinen Wurfgeschwistern vermissen.

wo Hunde sein können, besteht Infektionsgefahr. Sorgfältige Auswahl des Rastplatzes ist erforderlich, auch muß man auf alle Gefahren achten, die der Verkehr mit sich bringt.

ANKUNFT IM NEUEN HEIM Wichtig ist, daß bei der Ankunft im neuen Zuhause der Welpe nicht von einer großen Anzahl Menschen in Empfang genommen wird, besonders sollte man aufgeregte Kinder fernhalten. Nach dem Streß der Reise wird er sich wahrscheinlich lösen wollen, hierfür bringt man ihn an eine ruhige Stelle draußen im Garten, läßt ihn dort lösen. Für den Fall daß er Durst hat, sollte man ihm etwas Wasser oder Milch geben, ihn aber jetzt noch nicht füttern.

Über all dies Ungewohnte wird Dein Welpe ziemlich erregt und verwirrt sein. Man hat ihn aus seinem Zuhause, seiner Familie gerissen, aus allem, was für ihn über die letzten Wochen Sicherheit bedeutete. Jetzt befindet er sich plötzlich in fremder Umgebung mit Menschen, die er nicht kennt. Es ist möglich, daß sein Instinkt ihm rät, wegzulaufen und sich zu verstecken. Wenn er es tut, lasse ihn, er wird sich wieder beruhigen und merken, daß ihm keine Gefahr droht. Welpen sind neugierig, deshalb wird Dein Welpe bald beginnen, die neue Umgebung zu erforschen.

Zunächst mag er durchaus zögerlich erscheinen, vielleicht mehr umherkriechen als richtig marschieren. Kein Grund zur Aufregung - dies ist völlig normal. Bald wird Dein Welpe sein Selbstvertrauen wiedergewinnen. Laß ihn sich erholen, halte die Umgebung so ruhig wie möglich - zuviel Lärm und zu viele Menschen erschrecken ihn. Hat der Welpe erst wieder Selbstvertrauen gefaßt, laß ihn Dir in die anderen Räume nachfolgen. Ruhig, keinerlei Aufregung - mit jeder neuen Erfahrung und jedem neuen Ort muß er fertig werden. Jetzt ist der Zeitpunkt, daß sich Dein Welpe auch mit seinem neuen Lager und seiner Umwelt vertraut macht.

EINFÜHREN IN DIE FAMILIE Kindern fällt es immer schwer zu verstehen, was ein kleiner Welpe braucht, deshalb solltest Du - auch wenn es Enttäuschungen auslöst - versuchen, die Ankunft Deines Welpen zeitlich so zu arrangieren, daß die Kinder für einige Zeit aus dem Haus sind. Auf diese Art hat Dein Welpe Gelegenheit, sich ohne Aufregung durch das Treffen neuer Menschen mit seiner Umgebung vertraut zu machen. Denke daran, für einen kleinen Welpen muß ein Mensch sehr groß wirken, besser ist es, wenn Du Dich auf seine Ebene hinunter begibst. Kauere Dich auf den Boden, wenn Du den Welpen zu Dir lockst, so wirkst Du für ihn nicht so groß.

Besitzt Du schon einen anderen Hund, mußt Du die zwei vorsichtig miteinander bekanntmachen. Am besten ist es, wenn sich der Junghund erst über einige Zeit mit seiner neuen Umwelt vertraut macht, ehe man dem älteren Hund den Neuankömmling vorstellt. Dabei ist es das Beste, den älteren Hund anzuleinen, damit man ihn unter Kontrolle hat. Wichtig ist ein erstes Treffen draußen außerhalb des Hauses. Die Hunde sollen sich völlig natürlich begegnen - ohne jeden Zwang. Vermeide, dem älteren Hund irgendeinen Grund zu geben, auf den Welpen eifersüchtig zu sein. Für den älteren Hund ist der Welpe ein Eindringling.

Unbedingt achte man darauf, daß der ältere Hund nicht so auf den Welpen eindringt, daß Schaden entstehen könnte. Es ist normal, wenn der ältere Hund etwas brummt und knurrt, manche rollen auch den Welpen auf den Rücken. Kein Grund zur Panik - damit bringt der ältere Hund nur zum Ausdruck, daß er der Boss ist, der

AUFZUCHT DES JUNGHUNDES

Junghund das tun muß, was er will. In den allermeisten Fällen erfolgt die erste Bekanntschaft mit Lecken und Schnüffeln, endet mit Spiel. Es gibt aber auch Fälle, wo der ausgewachsene Hund dem »Eindringling« gegenüber Ablehnung zeigt. Ist dies der Fall, trenne das Paar, sorge dafür, daß der ältere Hund versteht, daß Du sein Verhalten nicht duldest. Bringe dann die Beiden wieder zusammen, achte darauf, daß sie solange streng überwacht bleiben, bis der ältere Hund versteht, daß der Junghund weder für ihn noch für den Haushalt eine Bedrohung darstellt. So komisch es erscheinen mag - einige ältere Hunde fürchten sich geradezu vor Welpen.

Vereinzelt begegnet der ausgewachsene Hund dem Neuankömmling ganz anders, weigert sich, seine Existenz überhaupt zur Kenntnis zu nehmen; beide leben im gleichen Haushalt für sich. In solchen Fällen ignoriert der ältere Hund einfach den Welpen, wird zuweilen das Zimmer verlassen, wenn der Welpe hereinkommt oder ihm den Rücken zukehren, ihn nicht ansehen. Dieses Verhalten kann sich über Tage hinziehen - einer meiner Hunde benahm sich über etwa drei Wochen so, ehe er akzeptierte daß der Junghund bleiben durfte; danach wurden sie die besten Freunde.

DIE ERSTE MAHLZEIT Aufgrund des Standortwechsels hat Dein Welpe vielleicht eine Mahlzeit überschlagen, dies schadet ihm überhaupt nichts. Wenn die erste Mahlzeit im neuen Zuhause ansteht, solltest Du nie versuchen, ihm die doppelte Menge zu geben, um etwa die ausgefallene Mahlzeit zu kompensieren; hierdurch würde nur sein Magen überladen. Füttere die gewohnte Zusammensetzung und Futtermenge, die der Züchter auf dem Futterplan empfohlen hat. Wichtig ist es festzulegen, an welchem Platz der Junghund jetzt und immer gefüttert werden soll. Achte darauf, daß dein Welpe während der Mahlzeit nicht gestört wird. Möglicherweise verweigert der Welpe die erste Mahlzeit - kein Grund zur Beunruhigung - wahrscheinlich fühlt er sich noch fremd. Bis zur nächsten Mahlzeit wird er wieder seinen normalen Appetit entfalten. Achte darauf, daß genügend sauberes und frisches kaltes Wasser verfügbar ist, unabhängig von anderen Getränken, die man ihm gibt.

DIE ERSTE NACHT Bestimmt hast Du festgelegt, wo der Neuankömmling seinen Schlafplatz hat. Hattest Du klugerweise eine Decke oder ein Stück Tuch im Zwinger des Züchters deponiert, es bei der Abholung Deines Welpen mitgenommen, wirst Du schnell feststellen, daß sich der Welpe viel besser eingewöhnt, wenn er sich auf seinem Lager in etwas kuscheln kann, das seinem Geruchssinn vertraut ist.

Für einen Welpen kann die erste Nacht in fremder Umgebung traumatisch werden. Meist ist es seine allererste Nacht alleine, ihm fehlt Wärme und Körperkontakt der anderen Welpen. Um diese Nacht zu meistern, gibt es mehrere Möglichkeiten:

1. Man legt eine Wärmflasche (nicht zu heiß!) unten in das Welpenlager, achtet darauf, daß sie sicher eingepackt ist, nicht angekaut werden kann und legt eine Decke darüber. So hat der Welpe die Wärme, die ihm sonst die anderen Welpen gaben.

2. Zur Beruhigung des Welpen kann man eine tickende Uhr nahe dem Welpenlager aufstellen, dies soll den Welpen an den Herzschlag der Mutter erinnern.

3. Ein leise spielendes Radio könnte über die ersten Nächte dem Welpen das Gefühl des Alleinseins nehmen.

Es ist möglich, daß der Welpe, wenn Du ihn zu Bett bringst oder während der Nacht, weint, heult oder kläfft. Dies ist völlig normal und leicht verständlich, denn der

Kein Grund zur Sorge, wenn der Welpe nach der Ankunft seine erste Mahlzeit verweigert, bei der nächsten wird er es nachholen.

Junghunde müssen viel lernen. Dieser Dalmatiner ist bereits an Halsband und Leine gewöhnt, wird jetzt mit den einzelnen Unterordnungsübungen vertraut gemacht.

Die meisten Dalmatiner lieben das Autofahren. Ein Hundekäfig - möglichst angepaßt an die Autoform - sorgt dafür, daß sich Dein Hund sicher und bequem fühlt.

25

DALMATINER

Welpe fühlt sich alleingelassen. Hast Du den Eindruck, daß der Welpe sich sehr erregt, kann es ratsam sein, zu ihm zu gehen, ihm Sicherheit zu geben, möglicherweise auch einen Schluck Milch, dann muß er aber zurück in sein Bett. Dies darf man keinesfalls zu oft durchführen, keinesfalls länger als während der ersten paar Nächte, sonst könnte es zu einer sehr unangenehmen Gewohnheit des Welpen werden.

Ich rate nicht, den Welpen ins Schlafzimmer umziehen zu lassen, einfach um ihn zur Ruhe zu bringen, es sei denn, Du möchtest ihn in Zukunft immer dort schlafen lassen. Nächtliches Heulen dauert höchstens ein paar Nächte - einfach bis sich der Welpe an sein neues Zuhause, an die Hausordnung gewöhnt hat.

KINDER UND DALMATINER Von Anfang an müssen Kinder lernen, mit dem neuen Welpen richtig umzugehen - *niemals ist ein Welpe ein neues Spielzeug!* Kinder müssen begreifen, daß sie einen schlafenden Hund niemals stören dürfen, das gilt besonders für junge Hunde (und für Hunde in hohem Alter, wenn sie nicht mehr so tolerant sind). Keinesfalls dürfen Kinder Hunde necken oder quälen, egal wie alt ein Hund ist. Früher oder später wird sich der Hund wehren, möglicherweise durch Beißen. Nie dürfen Kinder einen Hund mißhandeln - auch nicht versehentlich.

Aber auch dem Hund muß man beibringen, wie er sich Kindern gegenüber zu benehmen hat. Er darf nicht seinen Vorteil darin suchen, von Kindern Futter zu erbetteln, ihnen Sachen zu stehlen, an ihnen hochzuspringen oder irgendwelches anderes unsoziales Verhalten. Obgleich Kinder nur zu gerne Hunde auf Spaziergänge mitnehmen möchten, darf man dies nicht gestatten, es sei denn, ein Erwachsener ist dabei. Dalmatiner und Kinder werden sehr gute Partner, vorausgesetzt man bringt beiden bei, sich ordentlich zu benehmen. Vermeide unter allen Umständen Situationen, wo ein Familienmitglied dem anderen wehtun könnte.

FÜTTERUNG Die Fütterung ist zeitlich so zu organisieren, daß es für Haushalt wie Welpen paßt. Damit sollte man am ersten Tag beginnen, es auch mit nur minimalen Abweichungen - über das ganze Leben des Hundes - entsprechend fortsetzen.

Nehmen wir an, Dein Welpe ist acht Wochen alt. Er braucht jetzt täglich vier Mahlzeiten, zwei Milchmahlzeiten und zwei mit Fleisch. Mit zunehmendem Alter ändert sich dies natürlich. Ein heranwachsender Hund braucht größere Futtermengen, auf weniger Mahlzeiten verteilt. Genaue Futtermengen lassen sich nicht festlegen, denn jeder Welpe hat eigene Anforderungen. Nach meiner Erfahrung paßt nachfolgender Futterplan in den Tagesablauf der meisten Familien.

ACHT BIS SECHZEHN WOCHEN (Vier Mahlzeiten täglich)

Frühstück und Teezeit: Ich bevorzuge es, zu diesen Zeiten Fleischmahlzeiten zu geben; wird später die Anzahl der Mahlzeiten reduziert, bleiben diese unverändert. Folgende Zusammensetzung hat sich bewährt:

1. Mit warmem Wasser angerührtes einfaches Welpenfutter, vermischt mit kleingeschnittenem (geschabten) Qualitätsfleisch, entweder roh oder gekocht.

2. Alternativ kommerziell hergestelltes Komplettfutter für Welpen. Diese sind in Büchsen oder Trockenform erhältlich. Bei Verfütterung von Trockennahrung sollte diese in heißem Wasser eingeweicht werden, bis zur Fütterung etwa eine Stunde stehen. Was die Menge angeht beachte man die Anweisungen des Herstellers, passe aber die Menge dem Appetit des Welpen an.

Mittag- und Abendessen: Dies sind zwei Milchmahlzeiten, die mit zunehmendem Alter des Welpen wieder abgesetzt werden. Jede Mahlzeit besteht aus Vollmilch, gemischt mit Getreideflocken, weichgekochtem Reis oder Haferbrei. Auf einen halben Liter Milch kann man ein Eigelb und einen Teelöffel Honig zugeben. Die Menge richtet sich nach dem Appetit des Welpen.

Bei einer ernährungsmäßig ausgewogenen Fütterung mit Qualitätsfutter sollten keine Ergänzungsstoffe verfüttert werden. Dies ist ganz besonders wichtig, wenn kommerziell hergestelltes Fertigwelpenfutter verwendet wird, weil Fertigfutter bereits auf die Bedürfnisse des Welpen abgestimmt ist. Möchte man dennoch ergänzen, sollte man ein Qualitätsknochenmehl, speziell für die Tierfütterung (keinesfalls von dem Typ, der im Garten Einsatz findet) anrühren. Eine kleine Menge ein- oder zweimal wöchentlich ist genug.

Füttere niemals größere Mengen an Ergänzungsstoffen, sie würden Deinem Welpen mehr schaden als nutzen. Dies gilt ganz besonders für Lebertran und Kalziumzusammensetzungen.

VIER BIS SECHS MONATE (Drei Mahlzeiten täglich)

In diesem Alter ist es nach meiner Erfahrung am einfachsten, die mittägliche Milchmahlzeit wegfallen zu lassen. Die anderen drei Mahlzeiten bleiben erhalten, aber nach dem Welpenspezialfutter kann jetzt ein festeres Fertigfutter verwendet werden. Bei Benutzung von industriell hergestellter Komplettnahrung sollte man den Futteranweisungen folgen, ab welchem Zeitpunkt eine andere Gradierung empfohlen wird.

AB SECHS MONATEN (Zwei Mahlzeiten täglich)

Jetzt kann die Abendmahlzeit wegfallen, es bleibt bei täglich zwei mit Fleisch angereicherten Mahlzeiten. Wurden bisher Zusatzstoffe verfüttert, sind sie jetzt überflüssig. Die gut ausgewogene Ernährung wird den Anforderungen des Hundes entsprechen.

Ich persönlich füttere grundsätzlich alle Hunde aus mehreren Gründen ab diesem Alter zweimal täglich:

1. Bekommt ein Hund zwei Mahlzeiten gleicher Größe, verringert sich die Gefahr einer Magendrehung als Folge eines überladenen Magens (Kapitel 8: Gesundheitsfürsorge).

2. Der Hund scheint mehr zufriedengestellt, ist weniger darauf aus, außerhalb seiner Mahlzeiten zu betteln.

3. Muß man die Futtermenge verändern (wenn der Hund Über- oder Untergewicht hat), fällt es leichter, zwei kleine Veränderungen anstatt einer vorzunehmen. Der Hund scheint die Veränderung weniger zu bemerken.

Keine zwei Hunde brauchen die gleiche Futtermenge, jeder Hund ist anders. Hinzu kommen Faktoren wie Temperatur, Auslauf und Temperament; dies alles bringt Unterschiede hinsichtlich der notwendigen Futtermenge, um einen Hund gesund zu halten. Wenn die Wochen dahingehen und der Welpe wächst, braucht er offensichtlich mehr Futter. Gewöhnlich ist es leichter, bei zwei Fleischmahlzeiten die Futtermenge zu vergrößern, denn dies sind die zwei Mahlzeiten auf Dauer; die Milchmahlzeiten werden deshalb mengenmäßig nur unwesentlich verändert.

Läßt ein Junghund ständig etwas Futter in seinem Napf, gibst Du ihm wahrscheinlich zu viel. Sucht er umgekehrt nach der Mahlzeit weiter nach Futter, braucht er ein wenig mehr. Im Idealfall sollte der Hund bei jeder Fütterung die Schüssel leer fressen. *Denke daran, ein Hund braucht immer Zugang zu frischem Wasser, ganz gleich wie er gefüttert wird.*

Welpen sollte man nie zuviel zwischendurch geben, dies gilt insbesondere für Leckerli und Hundekuchen. Mit kontrollierter Ernährung fühlt sich ein Hund besser, entwickelt weniger Verdauungsprobleme oder schlechte Angewohnheiten.

STUBENREINHEIT Insgesamt gesehen sind Dalmatiner eine sehr reinliche Rasse, meist werden sie schnell stubenrein. Die Erziehung darf jedoch nicht übereilt erfolgen, erfordert seitens des Hundebesitzers eine ganze Menge an Selbstdisziplin. Wenn Dein Welpe erstmalig in sein neues Zuhause kommt, ist es wichtig sich vor Augen zu halten, daß der Welpe überhaupt nicht weiß, daß er falsch handelt, wenn er sich auf dem Teppich oder Fußboden löst. Sein Instinkt verbietet ihm nur die Ver-unreinigung seines Lagers - aber dies ist alles, was er weiß. Du selbst mußt ihm beibringen, daß letztendlich Dein ganzes Haus sein Lager ist. Ein junger Welpe hat noch keine grosse Blasenkapazität, tagsüber muß er sich recht häufig entleeren können. Wenn der Welpe schläft - insbesondere nachts - muß seine Blase weniger häufig entleert werden. Die Erziehung beginnt damit, daß man den Welpen sofort bei Erwachen hinaus in den Garten bringt, ebenso nach jeder größeren Mahlzeit oder dem Trinken. Auch von Zeit zu Zeit sollte man daran denken, insbesondere wenn er herumschnüffelt und im Kreise läuft, offensichtlich einen Platz sucht, um sich zu lösen.

Hast Du im Garten eine ganz bestimmte Stelle, die Du für den Hund zum Toilettenbereich bestimmen möchtest, solltest Du den Welpen jedesmal genau zu dieser Stelle bringen. Das Allerwichtigste an dieser Erziehung ist, daß Du mit dem Welpen an dieser Stelle bleibst, ihn mit Worten wie »schnell schnell«, »Bächlein machen« oder »Sei ein guter Hund« ermunterst. Anfangs wird der Welpe das natürlich nicht verstehen, nach und nach aber die Verbindung zwischen den Worten und dem, was er tun soll, herausfinden. Wenn er sich löst, tüchtig loben! Welpen müssen in der Regel auch kurz nach einer Mahlzeit ein »größeres Geschäft« verrichten. Schickst Du den Welpen allein in den Garten, hat dies meist zur Folge, daß er entweder versucht, schnell wieder hereinzukommen oder den Garten zu durchstöbern - keinesfalls kann er wissen, was man wirklich von ihm erwartet. So mußt Du - unabhängig vom Wetter - mit Deinem Welpen draußen bleiben, Geduld haben, denn nicht immer wird er sich sofort lösen. *Hat Dein Welpe das Haus verschmutzt, darfst Du niemals schreien oder ihn gar züchtigen.* Ein Welpe - ja auch ein ausgewachsener Hund - ist nicht in der Lage zu begreifen, daß er für etwas bestraft wird, was er einige Zeit zuvor angerichtet hat. Erwischst Du ihn auf frischer Tat, solltest Du mit sehr strenger Stimme »Nein!« sagen, ihn dann schnell hinausbringen.

Hast Du Dich für einen Schlafkäfig entschieden, wird die Erziehung zur Stubenreinheit leichter, denn Welpen zögern immer etwas, ihren Schlafbereich zu verunreinigen. Nachtsüber oder wenn Du Deinen Welpen über längere Zeit alleine lassen mußt, solltest Du in der einen Hälfte des Käfigs sein Lager machen, auf die andere Seite für den Notfall dickes Zeitungspapier legen. Tagsüber darf ein kleiner Welpe nie über längere Perioden eingesperrt sein, dreißig bis fünfundvierzig Minuten ist das Allerhöchste. Danach wird der Hund sofort nach draußen gebracht, wo er sich lösen

Sozialisierung mit allen Lebewesen ist wichtiger Bestandteil der Früherziehung. Von Jugend an wurde diesem Dalmatiner beigebracht, die im Haushalt lebenden Katzen voll zu akzeptieren.

Ein gut sozialisierter Hund ist gegenüber allen neuen Erlebnissen aufgeschlossen.

29

DALMATINER

darf. Wird ein Welpe über längere Zeit eingesperrt, führt dies zu starkem Streß, weil man ihn so zwingt, sein Lager zu verunreinigen, wofür er überhaupt nichts kann! Die meisten Züchter benutzen rund um den Schlafbereich ihrer Würfe auf dem Boden ausgelegtes Zeitungspapier, das erleichtert das Sauberhalten. Deshalb sind die meisten Welpen gewöhnt, sich auf Zeitungspapier zu lösen. Legst Du auf dem Boden an der Tür einige Zeitungen aus, wird sich der Welpe um sich zu lösen in der Regel dorthin begeben, nicht an andere Stellen. Wird der Welpe älter, kann seine Bedürfnisse besser kontrollieren, sollte man den Bereich mit Zeitungspapier immer kleiner machen, dann nach draußen verlegen. Obgleich Welpen sich nachts, wenn sie schlafen, weniger häufig lösen müssen, ist es für Deinen Welpen anfänglich unmöglich, die Nacht durchzuhalten, ohne Blase und möglicherweise Darm zu leeren. Wächst der Welpe heran, verbessert sich dies sehr. Bewahre deshalb Ruhe, wenn Du am Morgen doch ein Malheur antriffst. Wenn irgend möglich solltest Du beim Erwachen morgens als allererstes mit dem Junghund nach draußen gehen.

Dies alles mag sehr kompliziert klingen. Hat man sich aber erst einmal daran gewöhnt, den Welpen nach draußen zu bringen, ihn im Haus sorgfältig zu beobachten, schafft man im Normalfall mit einem Welpen eine komplette Grunderziehung zur Stubenreinheit innerhalb von einer bis zwei Wochen (obgleich es bei einigen länger dauert). Aber auch danach kann es doch tagsüber noch zu einem kleinen Unglück führen; in aller Regel liegt es daran, daß der Welpe nicht nach draußen konnte, Du nicht darauf geachtet hast, daß der Welpe umhersuchte. Wachsamkeit ist damit während der ersten Wochen das Schlüsselwort für Stubenreinheit.

Hast Du bereits einen älteren Hund im Haus, kannst Du beobachten, daß meistens Dein Welpe dem »Oldie« nach draußen nachfolgt. Recht schnell lernt er, was er soll. Es gibt aber auch Fälle, daß der »Oldie« beschließt: »Wenn der Welpe sich im Haus lösen darf, kann ich dies auch!« Passiert dies, solltest Du mit dem älteren Hund recht streng sein, ihm klarmachen, daß sein Verhalten nicht akzeptabel ist.

SCHUTZIMPFUNGEN Über die ersten Lebenswochen sind Welpen dank der mütterlichen Antikörper gegen zahlreiche Hundekrankheiten geschützt. Diese Antikörper werden vor der Geburt und kurz danach über die Milch von Mutter auf Kinder übertragen. Der Schutz ist zum Zeitpunkt, da der Welpe zwei bis drei Monate alt ist, weitgehend vergangen, deshalb muß er durch Schutzimpfung erneuert werden. Am besten bespricht man mit seinem Tierarzt das Impfprogramm. Er kennt die Erkrankungen, die in seiner Gegend die meisten Risiken mit sich bringen, weiß auch, in welchem Alter der Welpe am besten seine Impfungen erhält. Der Welpe muß gegen die gefährlichsten Seuchen geschützt werden, insbesondere Staupe, Hepatitis, Leptospirose und Parvovirose. Im allgemeinen werden die ersten Impfungen etwa im Alter von zehn Wochen gegeben, zwei Wochen später folgt eine zweite Impfung. Es dauert dann noch zehn Tage, bis die schützenden Antikörper genügend ausgereift sind.

Ehe Dein Welpe diesen Schutz hat, wäre es unklug, ihn Infektionsgefahren auszusetzen. Deshalb solltest Du ihn nur im eigenen Garten laufen lassen oder an Stellen, wo Du weißt, daß in der Regel keine anderen Hunde hinkommen.

Der richtige Zeitpunkt für Nachimpfungen sollte mit dem Tierarzt abgesprochen werden - in der Regel ist eine jährliche Wiederholungsimpfung erforderlich. Mußt Du

AUFZUCHT DES JUNGHUNDES

Deinen Hund aus irgendeinem Grund in einer Tierpension unterbringen, wird in der Regel ein Impfzeugnis jüngeren Datums verlangt, ehe man den Hund annimmt.

SOZIALISIERUNG Obgleich Du mit Deinem Welpen noch nicht in die weite Welt hinausziehen kannst, ehe die Schutzimpfung abgeschlossen ist, mußt Du dennoch bei Deinem Dalmatiner mit der Sozialisierung früh beginnen. Insbesondere solltest Du Deinem Welpen gestatten, mit Besuchen zu Hause zusammen zu kommen, sich mit ihnen zu beschäftigen. Dabei dürfen die Besucher ihn keinesfalls überanstrengen, aber er sollte sie immer begrüßen dürfen.

Gewöhne Deinen Welpen an verschiedenartige Haushaltsgeräte, zum Beispiel Staubsauger und Waschmaschine. Bringe ihm bei, daß solche Maschinen und ihr Lärm nichts sind, wovor er sich fürchten muß. Spiele in Deinem Radio verschiedene Programme durch - Musik, Gesprächssendungen - alles einmal laut, dann wieder ruhig.

Auf Autofahrten solltest Du Deinen Welpen mitnehmen. Anfänglich kurze Fahrten, gerade soweit, um ihn an das Autofahren zu gewöhnen. Kennst Du Freunde oder Familien, die selbst keinen Hund besitzen oder deren Hund voll durchgeimpft ist, kannst Du Deinen Welpen auch bei ihnen mit neuen Erlebnissen vertraut machen. Solange Dein Dalmatiner noch klein genug ist um getragen zu werden - was nicht lange dauert - solltest Du versuchen, Dich mit dem Hund auf dem Arm an eine Verkehrsstraße zu setzen oder zu stellen. Herabsetzen auf den Boden oder Kontakt mit anderen Hunden ist verboten! Auf diese Art gewöhnt sich aber Dein Welpe schnell an Lärm und Anblick des Verkehrs.

Wenn Du Deinen Welpen mit neuen Situationen vertraut machst, immer tüchtig loben, ihn streicheln, ihm zeigen, daß es nichts gibt, wovor er sich fürchten muß. Dies ist eine ganz wichtige Entwicklungsphase seines Lebens, in der er eine besonders gute Auffassungsgabe hat. Welpen, die in dieser wichtigen Periode von der Umwelt isoliert gehalten werden, entwickeln in ihrem künftigen Leben leicht Abneigung und Furcht gegenüber allen neuen Situationen.

Im Alter zwischen acht und elf Wochen muß man natürlich auch darauf achten, daß den Welpen nichts erschreckt. Jedes traumatische geistige oder körperliche Erlebnis in diesem Stadium kann langdauernde Auswirkungen haben. Gerade in dieser sehr empfindlichen Zeit helfen Liebe und Streicheln, irgendwelche Schrecken schnell zu überwinden. Bringst Du zum Beispiel Deinen Welpen für die erste Impfung zum Tierarzt, solltest Du dafür sorgen, daß er weder durch die Nadel noch den Tierarzt selbst erschreckt wird. Sehr viel Lob und Bestätigung, möglicherweise einige Leckerbissen helfen, daß Dein Welpe seine Furcht überwindet.

AUSLAUF Hier muß betont werden, daß kleine Welpen weder viel Auslauf brauchen, noch haben sollten. Hat man den Welpen einmal an die Leine gewöhnt, sind kurze Spaziergänge angeleint völlig ausreichend. Wächst der Welpe weiter heran, wird seine Erziehung zuverlässiger, können die Spaziergänge etwas länger ausfallen, auch kleine Perioden freien Auslaufs sind möglich. Zuviel kraftvolle Bewegung kann für wachsende Knochen und Gelenke Probleme bringen.

Möchtest Du Deinen Hund nicht baden, genügt ein schnelles Abreiben mit einem feuchten Tuch, danach läßt man ihn an einem warmen Platz trocknen. Jetzt genügt leichtes Durchbürsten, und der letzte Schmutz fällt aus dem Fell.

Kapitel 4

HALTUNG UND PFLEGE

ERNÄHRUNG Die Fütterung des erwachsenen Dalmatiners ist eine Fortsetzung des Futterplans für den Junghund. Jetzt aber gibt es grundsätzlich zwei Mahlzeiten täglich, eine morgens, eine abends, immer zum Zeitpunkt, der am besten in den Haushaltsplan paßt.

Die Auswahl des Futters ist eine Frage des persönlichen Geschmacks, aber wie beim Junghund empfiehlt sich alternativ:

1. Fleisch, entweder frisch oder in Büchsen, stets von guter Qualität, ergänzt mit einer Zeralienmischung, die mit heißem Wasser angerührt wird und langsam abkühlen muß.

2. Industriell hergestelltes Komplettfutter, entweder trocken oder in Büchsen.

Zuviel Abwechslung in der Ernährung kann zu Verdauungsproblemen führen. Jeder Wechsel sollte über mehrere Tage nach und nach vorgenommen werden, um Verdauungsschwierigkeiten zu vermeiden. Wie Junghunde sind auch alle ausgewachsenen Hunde immer verschieden, brauchen unterschiedliche Futtermengen. Die Futtermenge für den Einzelhund ist abhängig von seinen persönlichen Bedürfnissen.

Das Fell des Dalmatiners läßt sich leicht pflegen. Regelmäßiges Bürsten ein- oder zweimal wöchentlich hält den Hund in erstklassigem Pflegezustand.

DALMATINER

Als Kontrolle des richtigen Futterzustands taste die Rippen Deines Hundes ab. Bei Normalgewicht kann man gerade noch die Rippen fühlen. Ist der Hund übergewichtig, lassen sich die Rippen nicht mehr richtig abtasten, man muß schon durch eine Fettschicht drücken, um sie zu fühlen. Bei untergewichtigen Hunden kann man die Rippen schon auf drei bis vier Meter Abstand sehen.

Die Futtermenge sollte man immer so regulieren, daß der Hund gerade in richtiger Form ist, weder Untergewicht, keinesfalls Übergewicht zeigt. Übergewicht beeinträchtigt den Gesundheitszustand eines Hundes ernsthaft. Um das Gewicht zu korrigieren, sollte man jeweils beide Tagesmahlzeiten geringfügig ändern - meist merkt der Hund den Unterschied überhaupt nicht.

FELLPFLEGE Das ganze Jahr über kann man das Dalmatinerfell leicht pflegen. Alles, wozu es bedarf, ist regelmäßiges Bürsten mit einer Borstenbürste, ein- oder zweimal wöchentlich, danach wischt man mit einem feuchten Kunststofftuch oder einem Frottiertuch über das Fell. Leider - während des zweimal jährlichen Fellwechsels - scheinen sich die Haare des Dalmatiners zahlenmäßig zu multiplizieren - mit einem sehr hohen Multiplikator - das zeigt sich besonders auf dem Teppich! Über diesen Zeitraum muß der Hund zumindest einmal täglich gebürstet werden, am besten im Freien, ohne schwarze Kleidung!

Ein Gummipflegehandschuh, wie man ihn beim Zoofachhandel erhält, oder eine kleine Gummibürste mit Noppen sollte man zusätzlich zur Borstenbürste verwenden.

BADEN Wenn Dein Hund nicht gerade auf einen ganz besonderen »Duft« gestossen ist, sich darin gewälzt hat - was ein Bad zwangsläufig auslöst - braucht ein Dalmatiner nur sehr selten ein Bad. Ein- oder zweimal jährlich ist völlig ausreichend. Zum Baden Deines Hundes sollst Du ein mildes Spezialshampoo verwenden, darauf achten, daß danach das Fell gründlich ausgespült wird. Mit einem Tuch wird der Hund abgetrocknet, alles Wasser aufgenommen, danach sollte er - bis er völlig trocken ist - warm gehalten werden. Wenn möglich, erzieht man seinen Hund so, daß er sich mit einem Fön trocknen läßt.

Bei schmuddeligem Wetter wirst Du bei der Rückkehr von Spaziergängen oft feststellen, daß Dein Hund mit Schmutzspritzern überzogen ist. Bei solchem Wetter ist es das beste, den Hund mit einem alten Tuch abzurubbeln, ihn dann für kurze Zeit an einem warmen Liegeplatz unterzubringen. Der angetrocknete Schmutz fällt danach bei nur leichtem Bürsten aus dem Fell. Häufiges Baden führt zum Verlust natürlicher Öle aus dem Fell, dies wiederum ist Ursache dafür, daß Schmutz noch viel leichter am Fell klebt. Eine gut ausgewogene Ernährung hält das Hundefell in guter Kondition, gibt ihm den natürlichen Fettschutz.

ZÄHNE Hundezähne stets sauberzuhalten ist nicht immer einfach, insbesondere wenn die Ernährung in erster Linie aus weicher Nahrung besteht. Ein paar harte Hundekuchen, jede Woche verabreicht, halten sie in der Regel sauber. Auch Knochen sind hierfür vorzüglich geeignet, aber *immer* nur die richtige Knochenart. Die einzigen für einen Dalmatiner brauchbaren Knochen sind ein großer Rindergelenkkopf oder ein Markknochen. Entweder besorgt man sich beim Metzger frische Knochen oder präparierte/sterilisierte Knochen vom Zoofachhandel. Kleine Knochen (zum Beispiel Lamm) oder weiche Knochen (Rippenknochen) sind unbrauchbar.

Füttert man sie doch, können sie splittern, eine Blockade im Darm auslösen. Keinesfalls darf man Dalmatinern je Knochen von Geflügel oder Fischgräten geben, auch Schweineknochen sind verboten.

Im Zoofachhandel gibt es eigens für Hunde hergestellte Zahnpasta. Es ist durchaus möglich, einen Junghund nach dem Zahnwechsel so zu erziehen, daß er sich genauso seine Zähne pflegen läßt wie Du die Deinen. Manchmal beobachtet man, daß sich Zahnbelag an den Hundezähnen ansetzt. Sind die Ablagerungen stark, wird der Hundeatem faulig, Zähne und Gaumen entzünden sich. Zahnbelag kann mit einem eigenen Zahnschaber entfernt werden, alternativ kann man durch seinen Tierarzt eine regelmäßige Zahnkontrolle vornehmen lassen.

PFOTEN UND NÄGEL Gleich ob Du in der Stadt oder auf dem freien Land lebst, richtige Pfotenpflege ist immer wichtig, etwas Vorsorge verhindert mögliche Lahmheiten. Du solltest regelmäßig die Pfoten Deines Hundes kontrollieren, am besten bei der Rückkehr von jedem Spaziergang. Man braucht nur wenige Sekunden, kontrolliert auf Einschnitte an den Ballen, unter den Pfoten die Bereiche ohne Haare, auch daß zwischen Ballen oder Zehen nichts eingeklemmt wurde. Weiterhin sollte man die Pfoten darauf kontrollieren, daß kein Teer oder kleine Steine zwischen die Ballen geraten sind. Dies gilt besonders bei heißem Wetter oder bei Spaziergängen über neu asphaltierte Straßen. Auf dem freien Land sollte man darauf achten, daß keine Dornen oder Samen die Haut unter den Pfoten verletzt haben, dies könnte für den Hund sehr schmerzhaft sein.

Einige Hunde haben weiche Nägel, diese nutzen sich beim Spaziergang auf natürliche Art ab. Dalmatiner haben zuweilen recht harte Nägel. Um ihre Pfoten in guter Verfassung zu halten, müssen diese geschnitten oder getrimmt werden. Läßt man die Nägel zu lang wachsen, sieht dies nicht nur unschön aus und verunstaltet die Pfote, vor allem aber schmerzen sie beim Spaziergang, insbesondere auf harter Oberfläche.

Wenn man es regelmäßig tut, fällt Nägelschneiden leicht, am besten beginnt man bereits in den ersten Wochen beim Welpen. Anfänglich braucht man nur eine scharfe Nagelschere oder gewöhnliche Nagelklipper. Wenn der Junghund heranwächst, seine Nägel härter werden, ist es das Beste, speziell für Hunde angefertigte Nagelklipper vom Typ Guillotine zu verwenden. Werden die Nägel regelmäßig geschnitten, braucht man immer nur gerade die Nagelspitze zu schneiden. Niemals darf man zu tief schneiden - ins »Leben« (das ist das rosarote Zentrum des Nagels). Schneidet man zu tief, verletzt man den Hund, meist kommt es zu starkem Bluten. Hat ein Hund solche schlechten Erfahrungen gemacht, wird er in der Zukunft dem Nagelschneiden gegenüber einige Vorbehalte haben.

Fühlst Du Dich im Nagelschneiden unsicher oder hat Dein Hund rein schwarze oder braune Nägel, bei denen man das »Leben« schwer sehen kann, ist es meist vernünftiger, die Nägel durch Feilen kurz zu halten. Hierfür brauchst Du eine Nagelfeile mittlerer Stärke. Am besten hältst Du die Pfote fest, feilst den Nagel von unten nach oben, achtest sorgfältig darauf, nicht zu stark zu feilen, um ans »Leben « zu kommen. In Extremfällen, wenn sich der Hund die Nägel nicht behandeln läßt, muß man notfalls den Tierarzt bitten. Man kann den Tierarztbesuch dann eventuell mit der Zahnkontrolle verbinden.

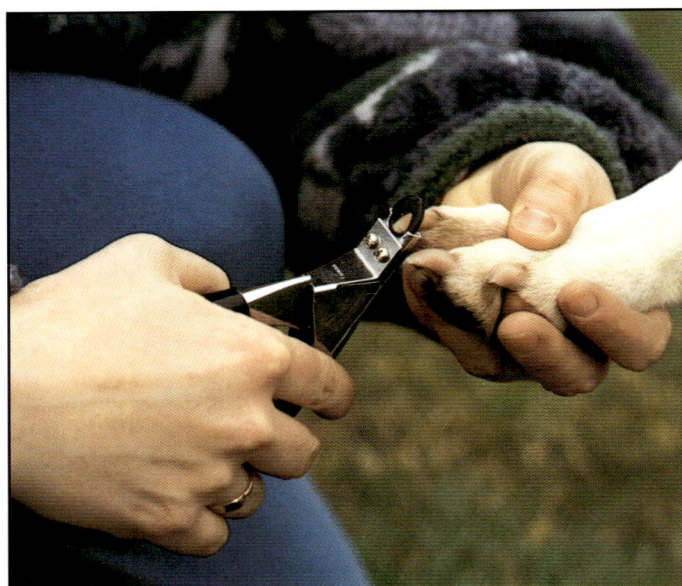

Nach jedem Spaziergang sollte man die Pfoten des Hundes prüfen. Sind die Nägel zu lang gewachsen, müssen sie geschnitten werden, wobei man am besten einen Nagelklipper nach Guillotine-System verwendet.

Kontrolliere die Ohren des Hundes regelmäßig, vergewissere Dich, daß sie sauber sind, frisch riechen. Wenn nötig wird übermäßiges Ohrenschmalz mit einem Wattebausch entfernt.

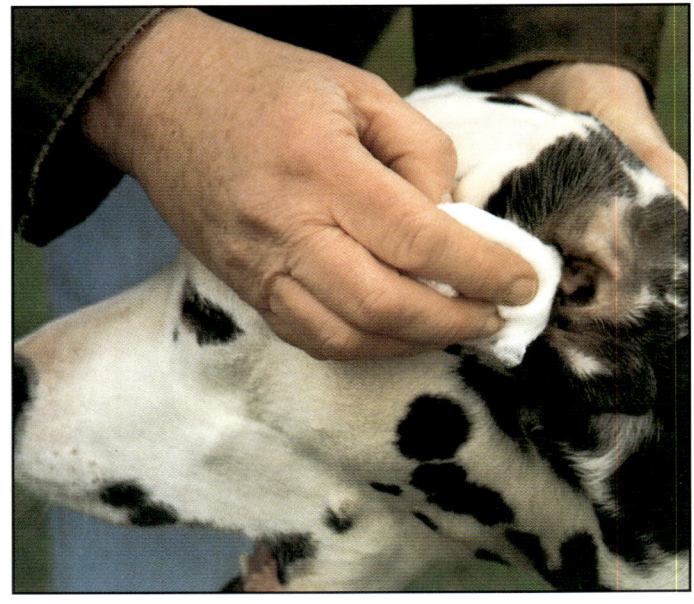

Das Benagen eines Mark-knochens ist eine gute Hilfe, die Hundezähne sauber zu halten. Man sollte Hunde aber nie unbe-aufsichtigt mit einem Knochen alleine lassen.

Bildet sich Zahnstein, hilft regel-mäßiges Bürsten mit einer Hunde-zahnbürste.

DALMATINER

AUSLAUF Wenn Dein Junghund immer erwachsener wird, kann parallel hierzu auch sein Auslauf ausgedehnt werden. Im Alter von über neun Monaten kann Dein Dalmatiner auch bei längeren Spaziergängen mithalten, mit und ohne Leine. Ist der Hund erst einmal achtzehn Monate alt, ist sein Bewegungsbedarf unbegrenzt, selbst längste Spaziergänge werden ihn nicht ermüden. Du selbst wirst erschöpft sein, Dein Dalmatiner aber nach kurzer Ruhepause gerne den Weg nochmals laufen.

Um Probleme beim Auslauf zu vermeiden, sollte man beachten:

1. Bei extrem heißem Wetter solltest Du Deinen Hund nie zu stark belasten, es ist immer besser, bis zum kühleren Teil des Tages zu warten.

2. Wenn möglich solltest Du Deinen Hund nie aus größerer Höhe auf festen Untergrund herabspringen lassen, etwa auf Beton oder lose Steine - dabei könnte er sich leicht Pfoten oder auch Schultern verletzen.

3. Bei sehr niedrigen Außentemperaturen, insbesondere bei Spaziergängen nahe an Wasserflächen, auf denen sich Eis bildet, sollte man darauf achten, daß der Hund nicht über dünnes Eis läuft.

4. Nie darf ein Hund ohne Leine in der Nähe verkehrsreicher Straßen laufen.

5. Im Umfeld von Haustieren und Geflügel sollte man gleichfalls den Hund anleinen.

6. Immer achte man darauf, daß der Hund unter Kontrolle bleibt, insbesondere wenn einem Kinder, ältere Menschen oder andere Hunde begegnen.

Ein gehorsamer Dalmatiner ist immer eine Freude, nicht nur für Dich, sondern auch für alle anderen Menschen. Schnell wirst Du herausfinden, daß er sich seine eigene Fan-Gruppe aufbaut.

AUTOREISEN Dalmatiner - jung wie alt - lieben das Autofahren, lassen sich leicht so erziehen, daß das Reisen Spaß macht. Wenn mein »altes Mädchen« es schaffte, sich morgens in das Auto einzuschleichen, gab es keine Möglichkeit, sie vor der Teezeit wieder herauszubringen. Gerade wenn man alleine Auto fährt, ist ein Hund ein vorzüglicher Gesellschafter, in aller Regel beschützt er auch das Auto, wenn Du es kurz verlassen mußt. Einige Punkte muß man bei der Reise mit dem Hund beachten, auch bei Kurzreisen:

1. Muß der Hund längere Zeit im Auto bleiben, sorge dafür, daß er sich in regelmäßigen Abständen lösen kann. Immer sollte man auch frisches Trinkwasser und eine Wasserschüssel mitnehmen.

2. *Innerhalb sehr kurzer Zeit sterben Hunde in überhitzten Autos.* Reist man bei sehr heißem Wetter, achte man darauf, daß der Hund während der Reise im Auto einen schattigen Platz hat, insbesondere bei sehr langsam dahinrollendem Verkehr. Direkte Sonne durch das Fenster kann einen Hitzschlag auslösen.

An heißen und sonnigen Tagen *darf man den Hund nie im Auto lassen!* Selbst bei mildem Wetter und Parken im Schatten kann sich die Innentemperatur des Autos unglaublich schnell aufheizen, für den Hund tödlich werden. Hunde vermögen nicht zu schwitzen, sich selbst abzukühlen wie Menschen, deshalb können sie so besonders schnell überhitzt werden. Ein Thermometer im Auto wird zeigen, wie schnell die Temperatur unerträglich wird. Ein Auto im vollen Sonnenschein, alle Fenster geöffnet, erhitzt sich innerhalb von Minuten auf weit über 38°C, erreicht bis zu 65°C, was den sicheren Tod des Hundes bedeutet.

HALTUNG UND PFLEGE

3. Überhitzte Autos sind für Hunde extrem gefährlich. Achte aber auch darauf, daß im Winter das Auto sehr kalt werden kann. Läßt man seinen Hund bei Frosttemperaturen im Auto, sollte man dafür sorgen, daß er genügend Decken hat, um sich warm einzukuscheln.

Achte darauf, ist das Autoinnere für Dich zu heiß oder zu kalt, um Dich behaglich zu fühlen, könnte auch der Hund bereits ernsthaft leiden.

DER ÄLTERE HUND   Wenn man sie richtig umsorgt, können Dalmatiner nahezu bis zu ihrem Tod ein voll aktives Leben führen. Wird ein Hund jedoch älter, braucht er zusätzliche Fürsorge. Das Alter beim Dalmatiner beginnt - wenn er sein Leben lang gut umsorgt war - in der Regel etwa von zehn Jahren an aufwärts. Es ist deshalb wichtig, daß man jetzt die Bedürfnisse des Hundes stärker berücksichtigt, dann stehen noch einige glückliche gemeinsame Jahre vor der Tür. Auf folgende Punkte kommt es an:

1. Achte besonders darauf, daß gerade der ältere Hund nicht fett wird. Zuviel Gewicht bringt starke Belastung für Gelenke und Herz, macht die Bewegung des Dalmatiners schwieriger.

2. Mit dem Alter sollte man den Proteingehalt in der Ernährung verringern. Eine Anzahl von Komplettnahrungen werden eigens für ältere Hunde hergestellt.

3. Achte darauf, daß Dein Hund, besonders bei kaltem Wetter und nach dem Auslauf warm und trocken gehalten wird.

4. Wenn der Hund älter wird, sollte man anstrengende Ausläufe reduzieren, kürzere und häufigere Spaziergänge sind besser. Es ist wichtig, daß *Du bestimmst*, wieviel Auslauf der Hund hat. Dalmatiner scheinen zu vergessen, daß sie älter werden, möchten sich weiter wie in ihrer Jugend bewegen. Du darfst Deinen Hund nie müde und steif werden lassen.

EUTHANASIE   Der Tag wird kommen, hoffentlich erst nach vielen glücklichen Jahren der Gemeinsamkeit, daß die Lebensqualität nicht mehr so ist, wie sie Dein Dalmatiner und auch Du selbst braucht. Wird das Leben für den Hund zur Qual, kann der Zeitpunkt kommen, daß Du den Tierarzt bitten mußt, Deinen Lebensgefährten einzuschläfern. *Dies muß immer zu Hause in seinem eigenen Bett oder Sessel und immer an Deiner Seite erfolgen.* Dies ist der allerletzte Liebesdienst, den Du Deinem Hund schuldest, der durch alle Höhen und Tiefen seines Lebens Dich und Deine Familie geliebt hat. So schmerzlich es auch für Dich sein mag, Du darfst ihn nicht länger leiden lassen!

Zum Einsatz bei der Hundeerziehung, besonders beim Bei-Fuß-Gehen des Hundes, kann ein Würgehalsband eine nützliche Erziehungshilfe sein. Es muß aber korrekt angelegt werden, die Kette durch den oberen Ring, wodurch sie sich immer automatisch wieder entspannt.

Kapitel 5

ERZIEHUNG UND AUSBILDUNG

FRÜHERZIEHUNG   Die Hundeerziehung sollte immer dann beginnen, wenn der Welpe in seinem neuen Zuhause ankommt. Wir sprechen nicht von irgendeinem Ausbildungsprogramm, vielmehr wird der Welpe immer ermuntert, das, was man von ihm wünscht, zu tun; tut er dies, wird er durch den Tonfall der Stimme gelobt und unterstützt. Nach einigen Wochen der Eingewöhnung im neuen Haushalt beginnt die Erziehung des Dalmatiners. Dabei muß man wissen, jeder einzelne Ausbildungsschritt kann Wochen - sogar Monate - dauern, bis der Junghund ihn wirklich erlernt hat. *Versuche nie, Hundeausbildung zu erzwingen.* Laß Dir Zeit, arbeite jeden Tag nur einige Minuten mit dem Junghund. Wenn Du versuchst, gleichzeitig zuviel zu tun, verliert der Hund das Interesse, wird unwillig und ermüdet. Das Allerwichtigste beim Erziehen eines Dalmatiners ist immer: »Nein« muß immer »Nein« heißen! Du mußt der Boss sein, oder Du wirst die Beziehung zu Deinem Hund nie freudig genießen.

Am besten wäre es, der Welpe würde bereits den Klang seines Namens kennen, wenn Du ihn nach Hause holst (Kapitel 3: Aufzucht des Junghundes). Es ist wichtig, daß Du, wenn Du in diesen Anfangstagen mit dem Hund sprichst, seinen Namen häufig benutzt, so prägt er sich bei ihm voll ein. Erziehung bedeutet nicht nur das Erlernen von einzelnen Unterordnungsübungen, vielmehr Zusammenleben in Harmonie. Du mußt Deinen Welpen lehren, was Du als richtiges Verhalten ansiehst, was Du ablehnst. In Deinem Zuhause muß Dein Welpe lernen, nach Deinen Regeln zu leben.

ERZIEHUNG ZU GUTEN MANIEREN   Dein Dalmatinerwelpe wird sich zu einem recht großen erwachsenen Hund entwickeln. Verhalten, das mit acht Wochen ganz süß wirkt, kann mit acht Monaten absolut lästig werden. Natürlich weiß ich, daß meine Interpretation des Wortes »akzeptabel« nicht immer die Deine ist, aber nachstehende Probleme ergaben sich entweder bei meinen eigenen Dalmatinern oder bei Hunden, die ich gut kannte. Wie alle schlechten Angewohnheiten - je früher man sie unterbindet, um so besser.

BEISSEN   Jeder Welpe beißt spielerisch (»play-bite«), keinesfalls sollte man dies als schlechte Veranlagung ansehen. Wenn Du mit Deinem Welpen spielst, wirst Du schnell merken, er beißt in Hände, Ärmel, alles was er mit seinem kleinen Fang zu erreichen vermag. Dies ist völlig natürlich! Es bedeutet Fortsetzung des Spiels mit den Wurfgeschwistern, bei dem sie herausfinden, wer der »Boss« ist. Es ist jetzt aber wichtig, daß Du als Rudelführer Deine Stellung aufbaust. So schnell wie möglich solltest Du das »Beißspiel« unterbinden, ganz besonders, wenn kleine Kinder mit im Hause leben. Wann immer der Welpe mit dem Beißen beginnt, untersage es in strengem Tonfall »Nein«!

ANKAUEN   Welpen kauen häufig Möbel und andere Haushaltsgegenstände an, besonders schlimm ist dies zum Zeitpunkt des Zahnwechsels. Vom Standpunkt des Welpen aus ist ein Stuhlbein ein angenehmer »Kauring«. Dies muß jedoch rechtzeitig unterbunden werden, denn Kauen erwachsener Hunde kann in kurzer Zeit großen Schaden anrichten. Wiederum - wenn Du Deinen Junghund beim Kauen konkret erwischst, ein klares »Nein«. Hat dies keinen Erfolg, folgt ein schneller Klaps auf die Nase. Es hat überhaupt keinen Sinn, einen Welpen auszuzanken, nachdem er etwas zerkaut hat. Unmöglich kann er das Schimpfen mit dem vorangegangenen Tun geistig verbinden. Alles was Du im nachhinein tun kannst ist - auf die eigenen Zähne beißen und künftig besser aufpassen!

AUF DIE MÖBEL KLETTERN Dalmatiner lieben Komfort, der allerbeste Lehnstuhl oder Dein Bett sind ein verlockender Anreiz. Einige Hundebesitzer greifen nicht ein, wenn ihr Hund Armsessel oder Bett mit ihnen teilt. Schätzt Du dies jedoch nicht, mußt Du von Anfang an fest bleiben. Schnell wird Dein Welpe sein Glück versuchen, wenn Du gemütlich in Deinem Armsessel sitzt. Erst kommt sein Kopf auf Deine Knie, die Nase in Deine Hand, dann folgt eine Pfote, die sich auf Deine Knie legt, kurz darauf zwei Pfoten, dann die ganze vordere Hälfte. Dem folgen verstohlen und ruhig ein Hinterlauf, dann der andere. Bevor Du es richtig bemerkt hast, sitzt Dein Dalmatiner behaglich auf Deinen Knien, schaut stolz um sich. Seinen Dank stattet er durch tüchtiges Lecken Deiner Nase ab!

Natürlich ist es in solchen Situationen schwierig hart zu sein, möglicherweise gibst Du nach. Dabei mußt Du aber wissen, daß der heranwachsende Junghund nach und nach den größten Teil des Zimmers für sich in Anspruch nimmt. Kommt er erst in Haarwechsel, wird jeder Sessel mit einem Film weißer Haare überzogen sein. Vielleicht stört dies Dich überhaupt nicht, ob aber Besucher einen mit Hundehaaren überzogenen Sessel lieben? Es ist auch möglich, daß Dein Dalmatiner den besten Sessel für sich in Anspruch nimmt; entweder er verweigert anderen, sich darauf zu setzen - oder er klettert von hinten hinzu, versucht den Besucher herauszudrängen - dies alles ist mir mit freundlichen Dalmatinern passiert. Wenn Du nicht einen laufenden Machtkampf austragen möchtest, gibt es einen Kompromiß - der Hund erhält einen eigenen alten Sessel, der mit einem waschbaren Überzug versehen wird.

Wenn Du Deinem Junghund einmal gestattest, in Deinem Bett zu schlafen, kann dies zum Desaster werden. Abgesehen von den Hundehaaren, selbst ein recht grosses Doppelbett dürfte niemals groß genug sein für einen Dalmatiner und einen Menschen - geschweige denn für zwei. Probleme können auch entstehen, weil der Hund eifersüchtig wird, keinesfalls duldet, daß irgend jemand mit seinem »Boss« das Bett teilt. Möchtest Du Deinen Hund wirklich im Schlafzimmer unterbringen, ist es besser, daß er sein eigenes Hundebett bekommt.

BETTELN Die meisten Dalmatiner lieben das Essen, Du solltest ihre schlanke Körperform erhalten, deshalb ist es besser, dem Hund gar nicht erst Betteln am Tisch oder auch sonst zu gestatten. Während der Mahlzeiten sollte man grundsätzlich dem Welpen beibringen, daß er sich in seinem Lager oder einem anderen passenden Platz aufhalten muß. Mit seinen großen braunen, auf Dich gerichteten Augen kann ein Welpe so süß wirken, so mitleiderregend, als habe er über Wochen kein anständiges Futter bekommen. In solchem Augenblick ist es sehr schwer, seine Bitte um ein Krümelchen vom Tisch zu ignorieren - aber wenn Du erst einmal nachgegeben hast, ist meist diese Schlacht für immer verloren!

ERZIEHUNG UND AUSBILDUNG

WEM GEHÖRT WAS? Besonders wichtig ist, einem Welpen beizubringen, auf Anforderung jeden Gegenstand abzugeben. Damit sollte man vom ersten Augenblick an beginnen, der Welpe muß lernen, daß nichts ihm ausschließlich »gehört«. Gelegentlich solltest Du, wenn der Welpe spielt oder einen Hundekuchen verzehrt, ihm Spielzeug oder Hundekuchen wegnehmen. Wenn er dies nicht akzeptiert, folgt mit fester Stimme ein »Nein«. Gibt er den Gegenstand widerspruchslos auf, folgen reichlich Lob und Spiel. Man hält für einige Sekunden Spielzeug oder Hundekuchen in der Hand, läßt den Hund sich setzen, ehe man ihm den Gegenstand zurückgibt.

Niemals dürfen Kinder oder irgend jemand anderes den Junghund ärgern, indem sie ihm Gegenstände wegnehmen. Dies könnte den Hund sehr besitzverteidigend machen, bald würde er nichts mehr ohne vorherigen Kampf abgeben.

HOCHSPRINGEN Im Normalfall wird ein Dalmatiner Freunde und die ganze Familie recht wild und fröhlich begrüßen, selbst wenn nur eine kurze Trennungszeit dazwischen liegt. Dies ist ein wichtiger Bestandteil seines Charmes, trotzdem ist es besser, wenn man dem Hund frühzeitig beibringt, bei solchen Gelegenheiten den Menschen nicht anzuspringen. Bestimmt kommt der Tag, an dem man schmutzige Pfotenabdrücke auf den Kleidern oder - noch schlimmer - auf der Bekleidung der Gäste - recht wenig schätzt. Von Anfang an sollte dies unterbunden werden. Am besten beginnt man damit, indem man sich zur Begrüßung des Welpen hinunterbeugt, damit er sich gar nicht erst auf die menschliche Höhe einstellt. Wenn man ihn dabei streichelt, sollte man immer leicht von oben nach unten drücken und sicherstellen, daß seine Pfoten am Boden bleiben. Viel Lob und Spiel, aber auch immer ein festes »Nein«, wenn der Hund versucht hochzuspringen.

BELOHNUNGEN Über die ersten Wochen der Erziehung richte ich mich so ein, dem Welpen nichts anderes zu bieten als sehr viel Lob und Streicheln. Wird er aber etwas älter, bedarf es verstärkter Anreize, damit er das tut, was man von ihm verlangt, insbesondere wenn die Erziehung schwierigere Aufgaben angeht. Nach meiner Erfahrung sind kleine Leckerbissen die richtige Antwort - Dalmatiner lieben das Essen - achte aber darauf, daß es wirklich kleine Mengen bleiben. Es ist der Gedanke, auf den es ankommt - der Welpe braucht keine großen Futtermengen, muß einfach spüren, daß er etwas ganz besonderes erhält. Meine Lieblingsbelohnungen sind kleine Leberleckerbissen, die sich leicht vorbereiten lassen. Rezept: preiswerte Leber, in Scheiben geschnitten und gekocht, bis sie gerade durch sind. Man läßt die Leber abkühlen, schneidet sie in kleine Stücke und Würfel.

GRUNDERZIEHUNG Ehe Du mit der Ausbildung Deines Welpen beginnst, mußt Du Dich für bestimmte Einzelkommandos entscheiden, die Du immer anwendest. Es ist entscheidend, daß jedermann in der Familie immer die gleichen Worte benutzt. Sie dürfen nicht verändert werden, denn hierdurch würde der Junghund nur verwirrt - dies gilt ganz besonders über die ganze Jugendperiode. Man sollte für die Hundeausbildung täglich eine ruhige Zeit wählen, wenn keine anderen Menschen oder Tiere in der Nähe sind, denn ein Welpe wird leicht abgelenkt. Die allerbeste Zeit ist nicht gerade, wenn der Hund vom Schlaf erwacht, denn zu dieser Zeit ist er voller Energie, möchte umhertoben. Man sollte ihm eine kurze Spielperiode einräumen, ihn sich in Ruhe lösen lassen, dann ist er für die Erziehung viel aufnahmefähiger.

Zu Beginn der Grundausbildung sind kleine Futterbelohnungen eine große Hilfe. Dieser Dalmatiner lernt richtiges Sitzen. Er reagiert auf den Druck auf sein Hinterteil und wird mit einem Leckerbissen belohnt.

Reagiert Dein Hund auf das Kommando »Sitz«, folgt die Übung »Platz«. Dieser Dalmatiner hat gelernt, auf das Kommando richtig zu reagieren, braucht keinen nach unten gerichteten Zug über das Halsband mehr.

Die Übung »Bleib« muß langsam aufgebaut werden. Versuche nicht, den Hund auf größere Entfernung zurückzulassen, bevor er versteht, was Du von ihm verlangst.

45

DALMATINER

»HIER« Die Konzentrationsperiode eines Junghundes ist sehr beschränkt, deshalb kann sich anfangs die tägliche Ausbildungszeit immer nur über einige Minuten erstrecken. In diesen Zeitraum können aber alle Aspekte der Grunderziehung in das Alltagsleben in freierer Form einbezogen werden. Die ersten Komm-Übungen sind immer nur Einzelaktionen. Man ermuntert etwa den Welpen, quer durch das Zimmer heranzukommen, von draußen ins Zimmer zu laufen. Jeweils beim Herankommen wird er tüchtig gelobt. Für den Welpen ist dies ein Spiel, in Wirklichkeit handelt es sich aber bereits um die Grundausbildung.

Wächst der Junghund weiter heran, sollte man ihn ermuntern, über größere Strecken heranzukommen. Man ruft ihn beim Namen, verbunden mit dem Kommando »Hier«, auch wenn er außer Sichtweite ist. Kommt er heran, wird er tüchtig gelobt. Anfänglich wird alles in erster Linie eine Frage des Zufalls sein, da er noch nicht versteht, was man von ihm verlangt. Meist dauert es aber nicht lange, bis er die Verbindung zwischen seinem Namen, dem Kommando und dem Lob beim Herankommen verknüpft hat. Scheue Dich nicht, beim Herankommen Dich selbst auf den Boden zu setzen, ihn tüchtig zu loben. Genau dies ist es, was ein junger Hund braucht!

»SITZ« Jedes Mal, wenn Dein Junghund sich von selbst setzt, solltest Du gleichzeitig das Kommando »Sitz!« verwenden. Damit gewöhnt er sich an den Klang des Wortes. Nach einigen Tagen kniest Du Dich auf den Boden, während der Junghund vor Dir steht, mit seinem Kopf auf Deinem linken Knie, mit der Rute am rechten. Jetzt legst Du Deine Hand vor die Brust des Welpen, damit er nicht vorwärtsgehen kann, legst Deine rechte Hand auf den Rücken, gerade an die Stelle vor dem Rutenansatz. Mit sanftem Druck der rechten Hand erfolgt das Kommando »Sitz«, gerade zu dem Zeitpunkt, wenn der Po des Welpen den Boden berührt. Wiederhole diese Übung zwei- oder dreimal, ist das geforderte Sitz erreicht, folgt tüchtiges Lob.

Diese Übung wird solange fortgesetzt, bis Du spüren kannst, daß sich der Hund auch ohne den Druck der rechten Hand und die Einschränkung der linken setzt. Hat der Junghund erst verstanden, was Du von ihm willst, solltest Du beim Zeigen seiner Futterschüssel das Kommando »Sitz« verwenden. Halte die Schüssel etwas über und vor seine Nase, wenn erforderlich drückst Du sanft mit der rechten Hand seinen Po nach unten, wiederholst das Kommando »Sitz« wie zuvor. Sitzt der Hund, wird die Schüssel vor ihn auf den Boden gestellt, darf er fressen. Bald wird der Junghund begreifen, daß er immer erst sitzen muß, ehe er seine Mahlzeit erhält.

»BLEIB« Hat Dein Junghund erst einmal das Kommando »Sitz« gelernt, ohne daß Du ihn sanft in die gewünschte Position zu drücken brauchst, dann kannst Du - wenn Du willst - in diese Ausbildung das Kommando »Bleib«, mit einbeziehen. Am besten beginnt man mit dem Üben von »Bleib« wenn der Junghund sein Futter erhält. Anstatt die Schüssel beim Sitzen des Hundes sofort auf den Boden zu stellen, wartet man ein paar Sekunden und sagt »Bleib!« - dann erst stellt man die Futterschüssel vor ihn. Langsam vergrößert man die Zeitspanne, die man den Junghund auf seine Schüssel warten läßt, bis er begreift, daß dieses »Bleib« ein Kommando ist.

Sollte der Welpe versuchen aufzustehen, anstatt in der Sitz-Position zu bleiben, folgt ein »Nein«, sanft wird die Hinterpartie wieder in die Sitzstellung gebracht. In der

ERZIEHUNG UND AUSBILDUNG

Anfangszeit darf man den Junghund nie zu lange auf sein Futter warten lassen, da seine Konzentrationsfähigkeit noch eingeschränkt ist. Man sollte einfach nur so lange warten, daß der Welpe den Unterschied zwischen Sitz und Bleib verstanden hat.

Sobald der Welpe dieses Frühstadium des Bleibens verstanden hat, kannst Du dieses Kommando auch bei anderen Gelegenheiten mit dem »Sitz« verbinden. Zunächst lehrt man seinen Welpen das Bleib, wenn er neben oder vor dem Führer sitzt. Wird er älter, mit den Kommandos Sitz und Bleib vertrauter, sollte man es von ihm auch auf Distanz verlangen. Um dieses Kommando auf Distanz zu lehren, sollte der Junghund Dir gegenübersitzen, Kommando »Bleib«. Jetzt machst Du einen Schritt rückwärts, versucht der Welpe nachzufolgen, folgt ein »Nein«, das Ganze beginnt von vorne. Bleibt der Junghund ohne nachzufolgen, geht man zu ihm zurück, lobt ihn tüchtig. Die Erziehung wird damit fortgesetzt, daß man die Entfernung immer mehr vergrößert, dabei sollte der Junghund aber immer in Sichtweite bleiben. Nach und nach läßt man den Welpen in der Position »Sitz, Bleib!« über längere Zeiten. Wohlgemerkt, in diesem Ausbildungsstadium sprechen wir nur von einer Zeitspanne von etwa bis zu zwei Minuten.

»PLATZ« Das Kommando Platz ist ein weiterer Schritt in der Ausbildung. Man sollte damit erst dann beginnen, wenn der Hund das Kommando Sitz beherrscht. Der Hund ist anfangs in Position Sitz. Mit der einen Hand faßt Du sein Halsband vorn, die andere Hand liegt auf dem Rumpf des Hundes, um diesen in Kontakt mit dem Boden zu halten. Jetzt ziehst Du sanft den Hund vorwärts auf die Fußbodenebene, begleitet von dem Kommando »Platz«! Genau wie bei der Erziehung für Sitz wird diese Übung nur ein- bis zweimal pro Übungsstunde wiederholt. Nach und nach wird die Hand auf dem Rumpf überflüssig.

Genau wie Sitz ist auch Platz für den Hund eine natürliche Stellung, daher wird der Junghund mit etwas Überredung bereitwillig die Position »Platz« einnehmen. Braucht der Hund auch keine Hilfe mehr in Form des Zugs am Halsband, kann man das Kommando »Platz« in die bereits vorhandenen Übungen von Sitz und Bleib mit einbeziehen. Mit einiger Geduld sollte man jetzt in der Lage sein, den Hund so auszubilden, daß er sowohl in sitzender wie liegender Position an der Stelle bleibt, auch wenn man sich auf kurze Distanz entfernt.

»FUSS« Leinenführigkeit weicht in der Erziehung von allen anderen Übungen ab, ist aber ganz genauso wichtig, wenn man am Zusammenleben mit einem Dalmatiner Freude haben möchte. Ein ausgewachsener Dalmatiner-Rüde kann bis zu 35 Kilo wiegen, ist dieses Gewicht an der Leine nicht angemessen unter Kontrolle, stehen Dir bei den Spaziergängen mit Deinem Hund schwierige Zeiten bevor - er wird Dich ausführen!

Der erste Schritt zu guter Leinenführigkeit besteht im Kauf von richtigem Halsband und Leine. Anfänglich brauchst Du ein Welpenhalsband, hierfür empfehle ich ein weiches, gewebtes Nylonband, kein Lederhalsband, das für einen kleinen Welpen ziemlich steif und unangenehm ist. Zusammen mit dem Halsband sollte man auch eine leichte Karabinerleine kaufen.

Hat sich der Welpe etwas in das Familienleben eingefügt, erfolgt der erste Schritt, ihn an das Tragen eines Halsbandes zu gewöhnen. Man legt dem Welpen das Band

Der Aufbau richtiger Konzentration ist für die Hundeerziehung entscheidend. Dieser Dalmatiner zeigt sich vorbildlich, all seine Aufmerksamkeit ist auf die Führerin konzentriert.

Für das Alltagsleben ist die Übung »Fuß« sehr wichtig - man braucht sie nicht nur bei Unterordnungswettbewerben.

Agility wird immer populärer, gerade der Dalmatiner hat mit dem Überwinden von Hindernissen keinerlei Schwierigkeiten.

an, nicht zu eng (zumindest zwei Finger sollten zwischen Halsband und Welpenhals passen), aber auch nicht zu lose, sonst streift er es sich vom Kopf. Anfänglich wird der Welpe versuchen, das Halsband los zu werden, wird kratzen und unruhig sein. Nach kurzer Zeit gewöhnt sich jedoch der Junghund an das Gefühl des Halsbandes, wird es schnell vergessen. Versucht Dein Welpe über mehrere Tage das Halsband abzukratzen, mußt Du immer, wenn Du es siehst, mit einem »Nein« einschreiten.

Hat sich der Welpe an das Halsband gewöhnt, wird die Leine eingehängt, der Welpe darf weiter umherlaufen, zieht jetzt die Leine nach. Wenn er versucht, die Leine anzukauen, folgt wieder ein klares »Nein«. Während der Hund die Leine hinter sich her zieht, muß man aufpassen, daß sie sich nicht im Mobiliar verfängt. Täglich läßt man den Welpen über eine kurze Zeit die Leine hinter sich her ziehen, bis er auch dies als Teil seines Lebens akzeptiert.

Wenn Halsband und Leine den Junghund nicht mehr beunruhigen, nimmt man die Leine vom Boden, hält sie in der Hand, ruft den Junghund zu sich, spricht mit ihm und ermuntert ihn über die ganze Zeit. In diesem Stadium kann es sein, daß Dein Welpe gegen die Leine ankämpft, nach vorne zieht, nach hinten, sich bemüht, sich das Halsband über den Kopf zu ziehen. Bei solchen Versuchen solltest Du den Junghund sanft mit der Leine heranziehen, ruhig mit ihm sprechen, ihn aufmuntern. Ist er dicht neben Dir, vergiß nie, ihn tüchtig zu loben, selbst wenn Du ihn zu Dir heranziehen mußtest. Diese Übung wird solange fortgesetzt, bis der Welpe von sich aus zu Dir kommt. Ist er vor Deinen Füßen, solltest Du einige Schritte rückwärts gehen, so daß er Junghund jetzt erstmalig »an der Leine geht« - natürlich erhält er tüchtiges Lob und weitere Ermunterung. Gelegentlich wird der Junghund versuchen, in andere Richtung zu ziehen, anstatt Dir zu folgen. In solchen Fällen bleibe stehen, sage ihm »Nein!«, ermuntere ihn, zu Dir zu kommen und setze den »Spaziergang« fort.

Kommt der Welpe erst einmal mit Dir, wenn Du ihn ansiehst, besteht der nächste Schritt darin, umzudrehen, langsam von ihm wegzugehen, so daß jetzt der Junghund Dir nachfolgt. Tüchtig loben, zögert der Welpe, kann - nur im Notfall - ein kurzer Ruck an der Leine (niemals zu stark) den Welpen vorwärtsbringen. Manchmal dauert es Tage, einen Junghund an die Leine zu gewöhnen, denn viele Hunde mögen solche Einschränkungen, Verlust an Freiheit nicht. Aber mit Geduld und viel Lob sollte sich dies nicht zu einem Zweikampf entwickeln.

Der erste Teil der Leinenerziehung erfolgt immer zu Hause, sowohl im Haus als auch im Garten, da in der Regel das Impfprogramm Deines Welpen noch nicht abgeschlossen ist. Darf der Hund dann mit ausgehen (in der Regel mit dreieinhalb bis vier Monaten), sollte er die Grunderziehung für Leinenführigkeit bereits beherrschen.

Anfänglich wird Dein Junghund in alle Richtungen ziehen, nach vorne, seitlich und rückwärts, wahrscheinlich in jede Richtung außer der, in die Du gehen willst. Nach einigen Tagen wird die Leine in der Hand verkürzt, bis Dein Junghund direkt neben Dir läuft, den Kopf in Höhe Deines Beines. Dabei ist es üblich, daß der Hund immer auf der linken Seite geht. Jetzt befinden wir uns in der richtigen Stellung »Fuß«. Wenn Du mit diesen Übungen diese Position erreicht hast, solltest Du dies immer mit dem Kommando »Fuß« verbinden. Fängt Dein Hund nun an, nach vorne zu ziehen, erfolgt ein kurzer, scharfer Leinenruck nach hinten, begleitet von einem

ERZIEHUNG UND AUSBILDUNG

»Fuß« mit fester Stimme. Hierdurch kann der Welpe nicht länger nach vorne gehen, Dein nächster Schritt bringt ihn wieder in die richtige Position »Fuß«. Alternativ empfiehlt sich eine schnelle Rechtswendung, wodurch der Hund automatisch hinter Dich und wieder danach in korrekte Position »Fuß« gerät. Achte immer darauf, das Kommando »Fuß« genau dann einzusetzen, wenn er in die richtige Position kommt.

Wenn Du erste Spaziergänge mit Deinem Junghund unternimmst, ist es ganz wesentlich, daß Du das Sagen hast, nicht der Hund. Laß ihn bei Fuß gehen, keinesfalls darf er Dich hinter sich her zerren. Einige Hundebesitzer wählen bei der Erziehung der Leinenführigkeit ein Würgehalsband. Solange die Kette richtig angelegt ist (siehe Abb. auf S. 40), ist daran nichts Böses, denn die Kette lockert sich automatisch, wenn der Druck aufhört. Keinesfalls sollte aber ein Hund immer ein Würgehalsband tragen - dies ist eine Erziehungshilfe, sollte ausschließlich während des Unterrichts oder bei Spaziergängen Verwendung finden.

SPAZIERGÄNGE Wenn irgend möglich solltest Du Deinem Hund beibringen, sich vor oder nach dem Spaziergang im eigenen Garten zu lösen. *Immer* solltest Du etwas bei Dir haben, falls Dein Hund unterwegs die Straße verunreinigt (Plastikbeutel oder andere Behälter). Jedem Hund kann ein »Unglück« passieren, Deine Verantwortlichkeit ist es, dies wieder in Ordnung zu bringen.

Ausgewachsene Hunde, Rüden dabei mehr als Hündinnen, pflegen ihr Territorium zu »markieren«. Dies erfolgt durch kleine Urinspritzer an verschiedenen Stellen, in der Regel an Laternenpfosten, Bäumen, Wänden oder anderen Gegenständen, die zufällig da sind. Besonders wichtig ist das Markieren, wenn ein anderer Hund bereits an dieser Stelle seine »Markierung« hinterlassen hat. Du mußt Deinem Hund schon gestatten, auf seinem Spaziergang zu schnüffeln und einige Stellen zu markieren. Man sollte dies aber nie zum Exzeß werden lassen.

Gehst Du mit Deinem Hund in einer dicht besiedelten Gegend, empfiehlt sich immer, einige Erziehungsübungen in den Spaziergang mit einzubeziehen, beispielsweise sitzen auf dem Bürgersteig, ehe man die Straße überquert. Hierdurch verhindert man, daß er fahrlässig vor Fahrzeuge läuft. Es ist auch vernünftig, wenn man bei einem Anhalten für ein Gespräch den Hund sitzen läßt, so ist es weniger wahrscheinich, daß er - möglicherweise mit schmutzigen Pfoten - andere Menschen begrüßt.

SPAZIERGANG OHNE LEINE Völlig gleichgültig, wie gut erzogen Dein Junghund oder auch Dein ausgewachsener Dalmatiner ist, in verkehrsreichem Gebiet sollte er nie unangeleint sein. Selbst der allerbeste Hund kann einmal unerwartet reagieren, in Sekundenschnelle kann ein Unglück geschehen. Hoffentlich gibt es in Deiner Nachbarschaft einen Park oder Felder, wo Du Deinen Hund unangeleint sicher sich frei bewegen lassen kannst. Es gibt nichts Schöneres als das Beobachten eines Dalmatiners in vollem Galopp. Aber Vorsicht, nie darf er auf Kinderspielflächen, Sportplätzen oder anderen für Hunde verbotenen Flächen frei laufen.

Wenn Du erstmals mit Deinem jungen Hund im Park spazieren gehst, solltest Du ihn keinesfalls sofort ableinen. Während der ersten Besuche führst Du ihn am besten an der Leine, hierbei lernt er die neuen Gerüche und Markierungen anderer Hunde kennen, bleibt dabei aber voll unter Deiner Kontrolle. Immer solltest Du in gleicher Richtung gehen, täglich über dieselben Wege. Am besten nimmst Du einige der Lieb-

Nie darf man seinen Dalmatiner frei laufen lassen, ohne sicher zu sein, daß er auf Kommando sofort zurückkehrt.

lingsleckerbissen des Hundes mit, gibst ihm während der Spaziergänge ab und zu ein Leckerchen, so daß er genau weiß, was in Deiner Tasche ist.

Nach diesen ersten Besuchen ist der Zeitpunkt gekommen, den Hund frei laufen zu lassen. Beginne in einem Bereich, wo Euch zuvor nie etwas Aufregendes begegnet ist. Am besten gehst Du jetzt etwa die Hälfte der gewöhnlichen Runde, gibst Deinem Hund gelegentlich einen Leckerbissen, leinst ihn dann ab, läßt ihn frei laufen, nach Möglichkeit natürlich, wenn keine anderen Hunde umherlaufen, die ihn ablenken könnten. Der normale Spaziergang wird jetzt fortgesetzt. Ab und zu ruft man den Hund zu sich heran, lobt ihn tüchtig, gibt ihm beim Kommen einen Leckerbissen. Etwa nach dreiviertel des Weges ruft man den Hund zu sich, leint ihn an, aber nie ohne vorheriges Lob und Leckerbissen. Und dann geht es wieder nach Hause. Nach meiner Erfahrung hat sich diese Art der Komm-Übung auf Spaziergängen bestens bewährt. Dalmatiner können Leckerbissen nur sehr schwer widerstehen!

ERZIEHUNG UND AUSBILDUNG

DALMATINER BEI DER ARBEIT

AGILITY   Um einen Dalmatiner zu einem angenehmen Familienmitglied zu erziehen, ist die vorstehende dargestellte Grunderziehung völlig ausreichend. Ein so erzogener Dalmatiner wird immer viel Freude machen. Da sich diese Rasse aber so vielen Lebensumständen anzupassen vermag, könntest Du auch mit Deinem Vierbeiner sportliche Aufgaben anstreben, etwa den Wettbewerb bei Prüfungen in Agility oder Unterordnung. Dabei ist wahrscheinlich Agility die interessanteste Aufgabe für diese Rasse. Die natürliche Veranlagung des Dalmatiners für fröhliche Arbeit, verbunden mit Schnelligkeit und Intelligenz, bringen es mit sich, daß er sich für diese Aufgabe ganz besonders gut eignet. (Ausführliche Informationen in: *Ruth Hobday - AGILTY MACHT SPASS, Kynos Verlag)*. Agility-Prüfungen werden immer populärer, es lohnt sich durchaus, sich entsprechenden Ausbildungsgruppen anzuschließen. Es ist aber wichtig, daß die Agility-Ausbildung von qualifizierten Fachleuten überwacht wird, insbesondere daß die Ausrüstung sicher ist, dem Reglement entspricht. Man kann mit Agility-Arbeit nur mit voll ausgewachsenen Hunden - also etwa ab einem Alter von über zwölf Monaten - beginnen.

UNTERORDNUNG   Unterordnungswettbewerbe fallen einem Dalmatiner wesentlich schwerer - im allgemeinen passen sie sich der strengen Disziplin der Unterordnungsprüfungen ungern an. Es ist aber durchaus möglich, den Dalmatiner so zu erziehen, daß er auch bei Unterordnungswettbewerben an der Spitze steht, hierzu bedarf es aber sehr viel Zeit und Geduld. Wichtig ist immer, sich einem erstklassigen Ausbildungsverein anzuschließen, optimal wäre es, wenn der Ausbildungsleiter den Charakter des Dalmatiners genau kennt.

THERAPIE-HUNDE   Aufgrund ihrer natürlichen Freundlichkeit Menschen gegenüber wurden viele Dalmatiner zu erfolgreichen Therapie-Hunden. Dies sind erwachsene Hunde, deren Verhalten und Wesen hohen Ansprüchen entspricht, deren Besitzer freiwillig ihre Freizeit in örtlichen Krankenhäusern oder Altersheimen verbringen. Den Bewohnern dieser Heime ist Hundehaltung in der Regel nicht gestattet, aber regelmäßiger Kontakt mit einem Hund hilft offensichtlich zu Rehabilitation. Erkundige Dich vor Ort, ob solche Einsätze als Therapie-Hund möglich sind.

HINTER DER KUTSCHE   Viele pferdebegeisterte Menschen interessieren sich für Dalmatiner, zwischen Pferden und Dalmatinern gibt es eine eindeutige Zuneigung. Da man solche Freundschaft leicht vertiefen kann, ist es gar nicht selten, daß man Dalmatiner neben Pferden oder Ponys laufen sieht, auch als Begleiter bei Gespann-Paraden. Auf solchen Paraden bietet der Dalmatiner neben einer schön präsentierten Kutsche ein vorzügliches Bild. erinnert an die Geschichte der Rasse.

ERGÄNZENDE LITERATUR (Kynos Verlag)
John Rogerson - HUNDEERZIEHUNG, TIERISCH GUT!
Heinz Gail - 1 x 1 DER HUNDEERZIEHUNG
Ruth Hobday - AGILITY MACHT SPASS
Dr. Roger Mugford - HUNDEERZIEHUNG 2000

Kapitel 6

AUSSTELLUNGEN

Ehe Du Dir einen Welpen kaufst, solltest Du Dir unbedingt darüber im klaren sein, ob Du ihn auch ausstellen möchtest. Hundeschauen bereiten als Hobby viel Freude, man trifft dabei neue Menschen mit gleichartigen Interessen - sie alle lieben Dalmatiner. Dies ist jedoch auch ein forderndes, teures und viel Freizeit beanspruchendes Hobby. Hat Dich erst einmal das Ausstellungsfieber gepackt, kann es Dein ganzes Leben verändern und ehe Du es wirklich begriffen hast, ist Dein Haus voller Dalmatiner, Dein Leben voller neuer Freunde.

Wenn Du erstmals die Welt der Ausstellungen betrittst, erscheint alles sehr kompliziert, nach kurzer Zeit wird jedoch alles viel einfacher. Alle Ausstellungen werden durch Vereine, nicht von einzelnen Personen, organisiert, jeder Verein ist mit der nationalen Zuchtorganisation seines Landes eng verbunden. Alle Ausstellungen werden nach den Regeln und unter der Genehmigung des nationalen Hundedachverbandes durchgeführt. Jedes Land teilt die verschiedenen Hunderassen in einzelne Rassegruppen, je nach Typ oder Arbeitsaufgabe. In der Jagdhundegruppe findet man beispielsweise Setter, Spaniel und Retriever, zu den Zwergrassen gehören in England Pekingese und Yorkshire Terrier. Diese Gruppierungen variieren von Land zu Land in Anzahl, Benennung und den darin enthaltenen Hunderassen. Der Dalmatiner gehört in England zur »Utility Group«, in den USA ist er Bestandteil der »Non-Sporting Group«, und im Gesamtbereich der FCI gehört er zu den »Gesellschafts- und Begleithunden« (Gruppe neun, Sektion sieben).

ENGLISCHE AUSSTELLUNGEN   Unter der Schirmherrschaft des Kennel Club London gibt es in England verschiedene Ausstellungsarten: Sanction Shows, Limit Shows, Open Shows und Championship Shows. Nur auf Championship Shows werden »Challenge Certificates (CCs)« vergeben, entsprechend intensiver Wettbewerb herrscht auf diesen Veranstaltungen. Um ein Champion zu werden muß in England ein Hund drei CCs unter drei verschiedenen Richtern erringen. Das CC wird jeweils an den besten Rüden und die beste Hündin einer Rasse vergeben.

AMERIKANISCHE AUSSTELLUNGEN   Das amerikanische Zuchtgeschehen wird durch »The American Kennel Club (AKC)« bestimmt. Um amerikanischer Champion zu werden, muß ein Hund auf Championatsausstellungen insgesamt fünfzehn Punkte gewinnen, Punkte erhalten wiederum nur der beste Rüde und die beste Hündin. Die Anzahl der Punkte ist abhängig von der Bedeutung der Hundeausstellung.

DEUTSCHLAND, SCHWEIZ UND ÖSTERREICH   In den europäischen Ländern liegt den Ausstellungen immer das FCI-Reglement zugrunde (FCI: Fédération Cynologique Internationale). Die der FCI angeschlossenen nationalen Hundezuchtvereine überwachen das Ausstellungsgeschehen. Auch hier konzentriert sich der Wettbewerb auf »internationale Rassehundezuchtschauen«. Was in England das CC, ist auf europäischen Ausstellungen das CACIB - die Anwartschaft zum internationalen Schönheitschampion. Ein Hund braucht für den Champion-Titel vier Anwart-schaften in drei verschiedenen Ländern unter drei verschiedenen Richtern; Mindest-zeitraum zwischen erstem und letztem Sieg ein Jahr. Auf diesen internationalen Ras-sehundezuchtschauen herrscht meist recht intensiver Wettbewerb.

DER AUSSTELLUNGSDALMATINER Jede Hunderasse hat ihren eigenen Ras-sestandard, in dem festgelegt wird, wie diese Rasse in Aussehen und Wesen sein soll. Zwischen England, USA und den FCI-Ländern gibt es geringfügige Unterschie-de in den Standards, die aber beim Dalmatiner kaum eine Rolle spielen. Der FCI-Standard ist auf Seite 3 dieses Buches abgedruckt.

Der Dalmatiner ist eine in allen Teilen ausgewogene Hunderasse, ohne Über-treibungen wie etwa Pudel oder Afghane mit ihrer Haarpracht, flachgesichtige Hun-derassen wie Bulldog und Mops. Dies bedeutet aber in keiner Weise, daß der Dal-matiner nicht auch seine »ganz speziellen Punkte« haben muß. Gerade in seinen Markierungen ist der Dalmatiner einzigartig. Obgleich auch viele andere Rassen ihre eigene sie auszeichnende Haarfarbe haben - etwa der Kerry Blue Terrier - oder be-stimmte Markierungen - wie Rottweiler oder Yorkshire Terrier - dies alles ist in der Zucht nicht so schwierig wie die Fleckung beim Dalmatiner.

Natürlich kann jeder beim nationalen Rassezuchtverein eingetragene Rassehund auf Ausstellungen konkurrieren, aber nur wenige erringen Spitzenplazierungen. Ge-rade beim Dalmatiner gibt es bestimmte Punkte, die für Ausstellungshunde nicht zu-lässig sind. Deshalb mußt Du beim Kauf des Welpen dem Züchter klar sagen, ob Du ausstellen möchtest, sonst wirst Du eine Menge Geld, Zeit und Mühe vergeuden.

WENIGER FÜR AUSSTELLUNGEN GEEIGNET Einige Dalmatiner sind aufgrund bestimmter Fehler für Ausstellungen weniger geeignet. Deshalb werden sie - zumin-dest in England - oft als »reine Familienhunde« verkauft, manchmal auch zu einem niedrigeren Preis. Es wäre aber wirtschaftlich an der falschen Stelle gespart, wenn man an einer künftigen Ausstellungskarriere interessiert ist, einen solchen Hund zu kaufen. Nachstehende Fehler machen den Hund für Ausstellungen ungeeignet:

1. Ein oder beide Augen sind blau, anstatt braun.

2. Ein »patch« - hierunter versteht man einen größeren, einfarbigen Fleck, der meist am Kopf auftritt, rund um die Augen oder Ohren, aber auch an anderer Stelle sein kann. Hierbei handelt es sich nicht um mehrere Flecken, die miteinander verbunden sind. Einen »patch« kann man daran erkennen, daß keinerlei weiße Haare vorhan-den sind, im Vergleich mit dem übrigen Haarkleid fühlt er sich seidig an.

3. »Lemon-spotting« - hierunter versteht man keinen fahlbraunen Fleck, sondern eine eigene Farbe (zitronengelb). Man kann sie leicht erkennen, denn diese Flecken sind sehr blaß, manchmal auf drei bis vier Meter Entfernung überhaupt nicht mehr zu sehen. Und trotz der zitronenfarbigen Flecken sind Augenlider und Nase schwarz.

4. »Orange-spotting« - nicht ganz leicht zu erkennen wie »Lemon-spotting«, diese Flecken sind eindeutig orangefarben, haben keine braune Schattierung.

5. Flecken von mehr als einer Farbe am gleichen Hund - im allgemeinen als »tri-colour« (dreifarbig) bezeichnet.

6. Stärkerer Pigmentmangel - dies bezieht sich im Normalfall auf Nase und Augen-lider, die beim ausgewachsenen Ausstellungshund voll durchpigmentiert sein sollten.

Ausstellungstraining beginnt immer zu Hause. Nie dürfen die Trainingszeiten lang und ermüdend sein, sonst wird ein Dalmatiner nie ein freudiger Ausstellungshund.

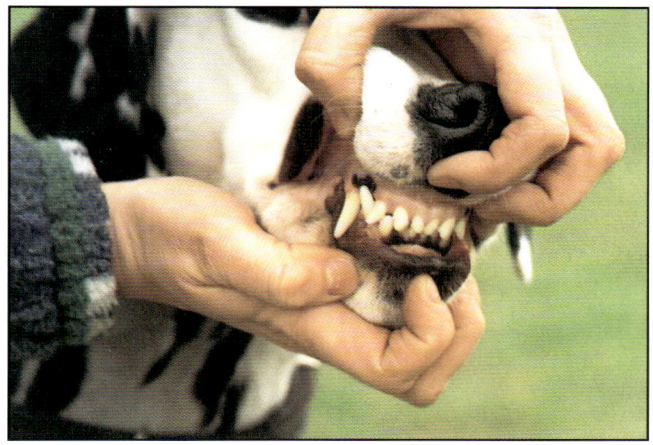

Ein Ausstellungs-
hund muß sich
daran gewöhnen,
sich von einem
Fremden anfassen
zu lassen. Hierzu
gehört auch die
Zahnkontrolle, bei
der festgestellt
wird, ob der
Dalmatiner ein
korrektes
Scherengebiß und
alle Zähne besitzt.

Bei der Vorführung des
Dalmatiners in der
Bewegung muß man
zeigen, wie elegant
und fließend der
Bewegungsablauf ist.

DALMATINER

Welpen werden im allgemeinen nicht voll durchpigmentiert geboren, das Pigment verstärkt sich mit dem Heranwachsen des Junghundes; ist der Welpe in verkaufsfähigem Alter - also ungefähr sieben bis acht Wochen - sollte das Pigment zumindest 75 % komplett sein - insbesondere bei schwarzgefleckten Dalmatinern. Braungefleckte Dalmatiner sind manchmal in der Pigmentierung langsamer. In diesem Alter könnte ein kleiner Teil des Lidpigments - meist in der Ecke - noch nicht da sein. Fehlt aber mehr als 25 % ist es unwahrscheinlich, daß die Pigmentierung noch völlig erfolgt. An der Nase fehlendes Pigment - meist an den Rändern - füllt sich wahrscheinlich aus, bei größeren Pigmentfehlern erscheint dies zweifelhaft, insbesondere wenn in diesem Alter die fleischfarbenen Teile leuchtend rosa sind. Fehlt nur ein klein wenig Pigment, wird dies im Ring gewöhnlich kein großes Problem sein.

Es gibt zwei »Fehler«, die mit sechs Wochen nicht immer schon festgestellt werden können, aber später im Ausstellungsring Probleme mit sich bringen.
1. Wenn bei einem Rüden einer oder beide Hoden nicht im Hodensack liegen.
2. Wenn die zweiten Zähne des ausgewachsenen Dalmatiners nicht standardgerecht sind. Dabei bilden die Schneidezähne ein »Scherengebiß«, die oberen Schneidezähne liegen, wenn der Fang geschlossen ist, direkt über und vor den unteren Schneidezähnen. Bei einigen Hunden stehen die Zähne umgekehrt, besteht sogar eine Lücke zwischen der unteren und oberen Zahnreihe. Dies ist dann nicht standardgerecht.
AUSSTELLUNGSPOTENTIAL Niemand kann mit Sicherheit ehrlich voraussagen, ob sich ein Welpe zum Ausstellungshund entwickeln wird. Man kann aber beurteilen, ob zum Zeitpunkt von sechs bis acht Wochen ein Welpe gute Anlagen zum Ausstellungshund hat. Aber selbst der beste Welpe in einem Wurf kann sich falsch entwickeln. Am besten schließt man bei seiner Auswahl zunächst die Welpen aus, die für Ausstellungen wenig versprechend erscheinen, wählt dann aus dem Rest des Wurfes. Der beste Berater ist ein verantwortungsbewußter Züchter, vorzugsweise einer, der über guten Ruf und Ansehen im Ausstellungsring verfügt. Man braucht schon viele Jahre und eine Reihe von Würfen, um vorauszusehen, wie sich ein Welpe wahrscheinlich weiter entwickelt, und selbst dann gibt es noch Irrtümer.

Im Grundsatz möchtest Du bestimmt einen Hund, der nicht nur Dir, sondern den meisten Menschen gefällt. Deshalb ist die Fleckung eine der wichtigsten Auswahlkriterien. Man muß wissen, über die nächsten drei Monate kommen wahrscheinlich noch weitere Flecken zum Vorschein, diese werden allerdings kleiner als die bereits sichtbaren sein. Manchmal zeichnen sie sich bereits als kleine Schatten unter dem Fell ab. Je später ein Fleck sichtbar wird, um so kleiner ist er in der Regel. Sind die Flecken sehr klein, nennt man sie meist »ticks« im Gegensatz zu »spots«; solche ticks sind für einen Ausstellungshund weniger erwünscht.

Achte darauf, ein Welpe der mit sechs Wochen in seiner Fleckung perfekt erscheint, kann als Erwachsener viel zu stark gefleckt wirken. Starke Markierung bereits mit sechs Wochen wird beim Erwachsenen noch massiver. Man sollte aber wissen, daß die Schönheit immer im Auge des Betrachters liegt, was dem Einen gefällt, brauchen nicht alle zu mögen. Welpen, die in einem Körperbereich große Fleckengruppen aufweisen oder zu viele Fleckenlinien zeigen, sollte man meiden. Diese Art Fleckung kann beim ausgewachsenen Hund die Körperformen optisch verändern. Bei der Welpenauswahl solltest Du immer die Farbe wählen, die Dir selbst am besten gefällt. Im Ausstellungsring ist es völlig gleichgültig, ob Du einen schwarz- oder braungefleckten Hund vorführst, beide sind absolut gleichwertig, obwohl einige Richter zuweilen Farbpräferenzen zu haben scheinen.

Ein ausgewachsener Dalmatiner sollte ein eleganter Hund sein, sich mit einem Minimum an Aufwand fließend bewegen. Es gibt aber keine Anhaltspunkte, dies bereits beim Welpen zu sehen, nur sehr erfahrene Züchter haben ein Auge dafür. Du mußt aber darauf achten, daß Dein Welpe in guter Kondition und gut genährt ist, attraktiv aussieht. Hundert und mehr Dinge können beim Welpenkauf schieflaufen, dies sieht man erst, wenn man den Junghund nach sechs Monaten oder mehr im Ausstellungsring präsentiert. Da gibt es den Fall des Schwans, der sich in ein häßliches Entlein verwandelt hat, doch manchmal geht es auch den umgekehrten Weg.

Hast Du Dir einen »Ausstellungswelpen« gekauft, sei Dir bewußt, was immer auch seine Zukunft bringt, er wird Dein Familienmitglied sein. Erreicht er im Ausstellungsring keine Spitzenplätze, ist es in der Regel weder der Fehler des Hundes noch der Deine - er bleibt immer Dein liebenswerter Hausgenosse. Bei Ausstellungen braucht man Jahre der Geduld und Hingabe - nur selten hat man schnellen Erfolg.

VORBEREITUNG FÜR DEN AUSSTELLUNGSRING Setze die Grunderziehung Deines Welpen so fort wie mit jedem anderen, achte aber darauf, daß Dein Hund mit so vielen Hunden wie nur möglich zusammenkommt. Du solltest einige Ausstellungen besuchen, auf denen Dalmatiner gerichtet werden. Dies ist der einfachste Weg, um zu lernen, was man von Dir und Deinem Hund im Ring erwartet. Die empfehlenswerten Ausstellungen sind die Spezialzuchtschauen des Dalmatiner Clubs oder internationale Championatsausstellungen, denn dabei kannst du sehr viele Dalmatiner sehen, vielen Menschen begegnen. Als Anfänger mußt Du immer beobachten und lernen, Fragen stellen, wenn Du etwas nicht verstehst; störe aber niemals Aussteller, wenn sie gerade in den Ring müssen oder ihre Hunde vorführen.

In manchen Gegenden gibt es eigene Klassen für Ringtraining, wo Aussteller und Neulinge zusammenkommen, um ihre Junghunde auf den Ausstellungsring vorzubereiten (Bitte nicht mit Unterordnungserziehung verwechseln). Bei solchen Ringtrainingsstunden lernst Du, Deinen Welpen im Ring zu präsentieren, noch wichtiger, Dein Junghund gewöhnt sich daran, sich von anderen Menschen - also auch vom Richter - anfassen zu lassen.

Das Allerwichtigste ist, daß Dein Junghund die Zeit auf Ausstellungen als angenehm empfindet, besonders die Vorführung im Ring. Für den Anfang ist es völlig unerheblich, ob Du gewinnst oder nicht. Solange er noch ein Junghund ist, laß ihn spielen, sich amüsieren, selbst im Ring; das Wichtigste ist, daß er fröhlich ist, keinesfalls darf er aber die anderen Hunde in der Klasse stören. Versuche, Deinen Hund solange im Stand zu belassen, daß sich der Richter ihn ansehen kann, anfangs genügen hierfür schon einige Sekunden. Du kannst nicht erwarten, daß ein sechs Monate alter Dalmatiner wie eine Statue steht.

Es ist ganz wichtig, die Gefahr zu vermeiden, einen Welpen so intensiv zu trainieren, daß ihm die ganze Prozedur zuwider wird. Von einem Dalmatiner erwartet man, daß er ein fröhlicher Hund ist, mit der Rute wedelt, mit glänzenden Augen, Oh-

Für den späteren Wettbewerb im Ring ist es immer wichtig, ein möglichst gutes Verhältnis mit seinem Hund zu haben.

Markierungen des Dalmatiners sind im Ring von größter Wichtigkeit. Dies mußt Du bereits beachten, wenn Du Dir einen Welpen mit »Ausstellungschancen« kaufst.

LINKS: Gutes Ausstellungs-training zahlt sich aus. Dieser Dalmatiner präsentiert sich perfekt.

UNTEN: Wähle stets eine schmale Vorführleine, am besten in einer Farbe, die zu Deinem Dalmatiner paßt.

ren immer aufmerksam. Aber kein Hund sieht so aus, wenn er überfordert ist. Es ist noch früh genug, wenn Dein Dalmatiner nicht mehr in der Puppy Class (sechs bis neun Monate) steht, sondern in die Jugendklasse kommt (neun bis achtzehn Monate), um ihm beizubringen, daß er zwar zu Hause spielen darf, Du aber von ihm im Ausstellungsring erwartest, daß er arbeitet. Ein paar Monate spielen zahlt sich immer aus. Ein guter, fröhlicher Dalmatiner wird Dir im Ausstellungsring immer hundert Prozent bringen, selbst wenn er später einmal in der Veteranen Klasse auftritt.

IM RING Alle Züchter haben ihre eigenen Methoden, im Ausstellungsring dem Richter ihre Hunde optimal zu präsentieren. Es lohnt sich, seine eigene Methode zu entwickeln. In England und den meisten anderen Ländern werden Dalmatiner freistehend gezeigt. Das bedeutet an loser Leine, wobei der Hund auf Dich ausgerichtet ist oder quer vor Dir steht, der Vorführer den Hund nur ganz selten berührt. In den USA wird der Dalmatiner im Ring aufgebaut. Dabei steht der Hund vor dem Führer, Kopf und Rute werden vom Führer in richtiger Stellung gehalten.

Ziel des Vorführens ist es immer, die guten Punkte des Hundes zu zeigen, schlechtere nach Möglichkeit nicht - perfekte Dalmatiner gibt es keine. Die meisten sind recht nervös, wenn sie mit dem Ausstellen ihres Hundes beginnen. Viele Aussteller verlieren dieses Gefühl eigentlich nie, selbst der erfahrenste Vorführer kann noch immer Lampenfieber haben. Wenn es Dir so geht, atme tief durch, entspanne Dich, andernfalls überträgt sich Deine Anspannung leinenabwärts auf Deinen Hund.

Hast Du erst einmal den Ring betreten, mußt Du in zwei Richtungen aufmerksam sein, zum einen für Deinen Hund, zum anderen für den Richter. Anfangs wird man Dich neben all die anderen Hunde einweisen, die in der gleichen Klasse in Wettbewerb stehen. Nimm Dir für Dich und Deinen Hund genügend Raum, um bequem stehen zu können. Dränge andere nicht, laß aber auch andere Aussteller Dich nicht einzwängen. Achte darauf, daß Dein Hund sich nicht um andere Hunde kümmert.

Der Richter sieht sich einen Hund nach dem anderen an. Für Dich als Anfänger ist es besser, nicht als erster in der Reihe zu stehen, dann kannst Du beobachten, nach welchem System der Richter vorgeht. Der Richter prüft Deinen Hund, einige benutzen dabei ihre Hände mehr als andere. Du mußt dafür sorgen, daß Dein Hund still steht, sich anfassen läßt; Du sollst den Richter bei seiner Aufgabe nicht stören.

Entweder vor oder nach der Einzelprüfung bittet Dich der Richter, Deinen Hund in der Bewegung zu zeigen. Dabei versucht der Richter den Bewegungsablauf Deines Hundes - nicht Deinen eigenen - zu beurteilen; sorge dafür, daß Dein Hund immer zwischen Dir und dem Richter läuft. Meistens mußt Du den Hund in gerader Linie hin und zurück führen, zuweilen in einem Dreieck, manchmal auch im Kreis. Alle diese Bewegungsmuster solltest Du bereits zu Hause üben. Das Ziel ist immer, Deinen Hund in mittlerer Geschwindigkeit zu bewegen, nicht zu langsam, nicht im Galopp. Dein Hund soll sich flüssig an loser Leine mit stolz getragenem Kopf bewegen.

Nach der Beurteilung durch den Richter kehrst Du zum Ringrand zurück. Achte aber weiter auf den Richter, sorge dafür, daß wenn der Richter in Deine Richtung schaut, Dein Hund möglichst gut aussieht. Wenn der Richter seine Entscheidung trifft, die Sieger in die Ringmitte ruft, halte ein Auge auf Deinen Hund, das andere zum Richter, um sicher zu sein, daß Du seinen Aufruf nicht übersiehst. Keinesfalls darfst

AUSSTELLUNGEN

Du Deine Chancen durch Gespräche mit anderen Ausstellern gefährden, rede ausschließlich mit Deinem Hund. Nimm im Ring alle Entscheidungen - Siege wie Niederlagen - mit Anstand entgegen. Armselige Verlierer und selbstgefällige Gewinner sind nie besonders populär! Denke immer daran, Hunde ausstellen ist ein Hobby; und der beste Hund ist Dein Hund, wenn er mit Dir nach Hause geht, ganz gleich, was auch geschehen ist. Manchmal wirst Du gewinnen, obgleich Dein Hund es nicht verdient hat, ein andermal wird Dein Hund nicht plaziert, obgleich er es verdient hätte. Es gibt immer einen neuen Tag und einen anderen Richter!

HILF DEINEM HUND Darunter verstehe ich, daß Du Deinen Hund optimal präsentieren solltest. Der Hund muß immer in guter Kondition sein, muskulös, mit dem richtigen Gewicht. Dies alles erreicht man mit normaler Fütterung und gutem Auslauf. Danach aber kommt es auf Dich an. Hier noch ein paar einfache Ratschläge:

1. Achte immer darauf, daß Dein Hund sauber und gut gepflegt ist. Dies bedeutet nicht, daß Du ihn vor jeder Ausstellung baden sollst. Mit regelmäßigem Bürsten und Abreiben mit einem feuchten Tuch solltest Du ihn wirklich sauber halten. Achte darauf, daß auch seine Zähne sauber sind und halte auch seine Nägel kurz.

2. Verwende immer eine dünne Vorführleine - keinesfalls irgendwelche schweren Ketten. Wähle immer eine Farbe, die zu Deinem Dalmatiner paßt. Diese Leine wird ausschließlich im Ring oder bei der Ringausbildung angelegt. Auf diese Art verbindet der Hund die Leine mit dem Ausstellungsgeschehen.

3. Ziehe Dich sauber und ordentlich an, passend zu Deinem Hund. Reine Farben sind immer das beste, aber keine weiße Hosen, weiße Schürzen oder Kleider, Dein Hund könnte weniger weiß erscheinen. Gemusterte Kleidung macht zwar Spaß, man sollte sie dennoch zu Hause lassen, neben allen hochhackigen oder klappernden Schuhen.

4. Komme immer frühzeitig auf dem Ausstellungsgelände an. Wenn Du überstürzt mit dem Hund im Ring antreten mußt, kann keiner das Beste leisten. Mache Dich rechtzeitig ringfertig. Nur zu leicht kann man seine Klasse verpassen, wenn man sich nicht auf das Ausstellungsgeschehen konzentriert.

5. Dein Hund hat keine Ahnung, wofür Ausstellungen gut sind. Er versucht sein Bestes, Dir zu gefallen. Laß ihn deshalb nie Deine eigene Enttäuschung spüren.

6. Zeige Deinen Hund nicht, wenn er nicht in guter Kondition steht, schlecht aussieht. Ein armseliger, lahmer Hund mit schlechtem Haarkleid wird zurecht vom Richter bestraft, andere erinnern sich daran, wenn sie auf der nächsten Ausstellung richten.

RICHTER Es gibt zwei Arten von Richtern: Spezialisten, die selbst Dalmatiner besitzen, möglicherweise auch ausstellen und züchten - oder in der Vergangenheit taten; Allrounder (non-breed specialists), die selbst eine oder mehrere andere Hunderassen besitzen. Der Spezialist wird die wesentlichen Punkte einer Rasse genau kennen; er hat darüber, worauf es in der Rasse ankommt, eine recht klare Auffassung. Der Allrounder, nicht auf diese Rasse spezialisiert, sieht den Hund meist mehr in seiner Gesamtanatomie. Beide Richter haben die Aufgabe, in jeder Klasse die Hunde allein nach dem Maßstab zu plazieren, wie eng sie dem Rassestandard entsprechen.

HANDLING Wenn Du am Ausstellungsgeschehen echt interessiert bist, findest Du eine Fülle an Hilfen und Informationen in: *Elke Peper: GUTES HANDLING - Der Weg zum Ausstellungserfolg, Kynos Verlag.*

Der Zuchtrüde, den Du für Deine Hündin wählst, muß zu ihr passen. Du solltest genau prüfen, ob er frei von Erbfehlern ist.

Kapitel 7

DALMATINER-ZUCHT

Zweifelsohne gehören Dalmatiner zu den schwierig zu züchtenden Hunderassen. Es ist gar nicht leicht, Spitzenwelpen zu züchten, die dem Rassestandard möglichst nahe kommen. Ich habe immer gelernt: »Wenn Du einen Ausstellungshund in Deinem Wurf gezüchtet hast, hattest Du Glück. Zwei erfolgreiche Ausstellungshunde in einem Wurf sind ein Wunder, mehr als das - Du bist zwingerblind, denn es ist nahezu unmöglich!« Die Dalmatiner-Zucht sollte von niemand auf die leichte Schulter genommen werden. Erstes Ziel ist, die Rasse zu fördern, nicht Geld zu verdienen.

DIE PFLICHTEN - RÜDEN-BESITZER

1. Deine Verantwortung besteht nicht allein im Paaren Deines Hundes mit einer Hündin, Du mußt entscheiden, ob Dein Rüde eine bestimmte Hündin decken darf, ob er überhaupt für die Zucht zur Verfügung steht. Kein Rüde sollte in der Zucht eingesetzt werden, wenn es nicht ein guter, typischer Dalmatiner ist, frei von Erbkrankheiten.

2. Dein Hund sollte nicht zur Zucht freigegeben werden, wenn er einen großen Farbfleck, ein blaues Auge, nur einen im Hodensack liegenden Hoden besitzt. Auch einseitige oder beiderseitige Taubheit schließt Zucht absolut aus.

3. Hast Du nicht die Absicht, Deinen Rüden regelmäßig zur Zucht freizugeben, wäre es besser, ihn überhaupt nicht zur Verfügung zu stellen. Ein Rüde, der nie gedeckt hat, wird sich im Normalfall um diese Seite des Lebens überhaupt nicht kümmern. Die meisten für eine Zuchtkarriere in Frage kommenden Rüden haben im Ausstellungsring bewiesen, daß sie sehr gute, typische Repräsentanten der Rasse sind.

Möchtest Du mit Deiner Hündin züchten, muß sie fit, gesund und ein typischer Repräsentant ihrer Rasse sein. Auch solltest Du Dich, wenn Dein Dalmatiner braun gefleckt ist, mit der Farbvererbung befassen.

DALMATINER

4. Du mußt die Abstammung Deines Hundes genau kennen. Kein Hund hat eine perfekte Ahnenreihe, immer gibt es irgendwo versteckte Probleme. Deshalb solltest Du sorgfältig darauf achten, daß Dein Rüde keine Hündin deckt, in deren Ahnenreihe ähnliche Probleme verborgen sind.
5. So gut auch Dein Rüde aussehen mag, *nie* solltest Du ihn zur Zucht einsetzen, wenn er aggressiv oder nervös ist. Hat Dein Hund einwandfreies Wesen, solltest Du ihn *nie* für eine Hündin mit schlechtem Wesen freigeben.

HÜNDINNEN-BESITZER Das Züchten eines Wurfes ist harte Arbeit, erfordert viel Zeit, verursacht beträchtliche Kosten. Ehe Du Deine Welpen verkaufen kannst, mußt Du hohe Ausgaben vorlegen. Deshalb bedarf es eingehender Überlegungen, ehe Du Dich zur Zucht entschließt. Die wichtigsten sind:
1. Warum möchtest Du züchten?
2. Hast Du die Räumlichkeiten und wirtschaftlichen Voraussetzungen, um einen Wurf richtig aufzuziehen?
3. Bist Du fähig, Welpen einschläfern zu lassen, wenn dies medizinisch zwingend ist?

Möchtest Du einfach nur züchten, um Geld zu verdienen, wäre mein dringener Rat, darauf zu verzichten. Nur zu leicht verläuft alles entgegen Deinen Erwartungen, möglicherweise stehst Du am Ende mit großen Tierarztrechnungen da und hast gar keine Welpen zu verkaufen. Züchten ist zuweilen ein sehr risikoreiches Unterfangen. Wenn Du wirklich von Deiner Hündin einen Wurf haben möchtest, prüfe genau, ob Sie für die Zucht überhaupt gut genug ist. Man braucht nicht immer eine Spitzenausstellungssiegerin, aber eine Reihe von »Fehlern« schließen eine Hündin für die Zucht aus:
1. Aggressives oder nervöses Wesen.
2. Beidseitige (bilateral) oder einseitige (unilateral) Taubheit.
3. Ein großer, einfarbiger Farbfleck.
4. Erbkrankheiten.
5. Jede andere Farbe als schwarz oder braun.
6. Es ist unbedingt zu raten, von einer Hündin mit blauen Augen nicht zu züchten.

Eine abschließende Überlegung ist die etwaige Notwendigkeit, Welpen einschläfern zu lassen. In der Dalmatiner-Zucht gibt es Welpen, die *eingeschläfert werden müssen*, manchmal in den ersten Stunden, manchmal - und noch viel schlimmer - etwa im Alter von fünf oder sechs Wochen. Niemand tut es gerne, aber in der Dalmatiner-Zucht ist dies eine Notwendigkeit. Wenn Du die Entscheidung (gemeinsam mit dem Tierarzt) nicht treffen kannst, solltest Du keine Dalmatiner züchten.

HEISSE HÜNDIN Nehmen wir an, Du möchtest noch immer züchten. Betrachte dies als einen Langzeitplan und beginne rechtzeitig, die Einzelheiten zu planen. Dalmatiner-Hündinnen sind in der Häufigkeit der Hitze außerordentlich unterschiedlich. Einige haben ihre erste Hitze im Alter von sechs Monaten, danach wiederholt sich dies im Sechs-Monats-Zyklus, andere haben ihre erste Hitze mit fünfzehn Monaten, danach folgt ein sehr unregelmäßiger Zyklus. Das durchschnittliche Alter, in welchem die erste Hitze auftritt, liegt bei etwa acht Monaten, danach folgt in der Regel ein Zyklus mit Abständen von acht oder neun Monaten. Ist deine Hündin sechs oder sieben Monate alt, achte auf Veränderungen der Scheide (Vulva). Wenn die Hündin heiß wird, schwillt die Vulva an, zeigt sich ein rosafarbener Ausfluß. Die Hitze dauert jeweils etwa einundzwanzig Tage. Über die ersten zehn Tage wird der Ausfluß stärker und leuchtend rot.

Die meisten Hündinnen sind zwischen dem zehnten und elften Tag paarungsbereit. Wichtig ist, daß man über die ganze Hitze die Hündin nicht frei laufen läßt, Rüden fern hält. In der zweiten Hälfte der Hitze verkleinert sich die Vulva wieder auf normale Größe, der Ausfluß wird weniger und hört auf.

Vor jeder Paarung mußt Du sicher sein, daß Deine Hündin fit ist, kein Übergewicht hat, frei von allen Infektionen (einschließlich innerer Vagina-Infektionen) ist. Am besten nimmt der Tierarzt eine Routineüberprüfung vor. Dalmatiner sollten nicht vor Vollendung von achtzehn Monaten gedeckt werden, vor diesem Alter sind sie noch zu unreif, um einen Wurf wirklich ordentlich aufzuziehen.

AUSWAHL DES ZUCHTRÜDEN Hast Du Deine Hündin von einem guten Züchter gekauft, frage ihn, welcher Rüde oder welche Rüden am besten zu Deiner Hündin passen, bitte ihn auch um Begründung, warum welcher Hund der beste sei. Du suchst einen Rüden, der zu Deiner Hündin paßt, sowohl von seiner Abstammung (Ahnentafel) wie auch seiner äußeren Erscheinung. Man sollte immer versuchen, einen Rüden zu finden, der mögliche Fehler der Hündin ausgleicht. Keinesfalls darf man einen Rüden einsetzen, der die gleichen Fehler hat, denn dadurch würde dieser Fehler bei den Welpen nur noch verstärkt.

FARBVERERBUNG Du mußt nicht unbedingt einen Rüden der gleichen Farbe wie Deine Hündin wählen, achte aber trotzdem auf die Farben, entscheide Dich, welche Dir lieber ist. Ich möchte hier gar nicht erst versuchen, die schwierige Frage der Farbvererbung bei Dalmatinern einzeln zu erklären. Aber nachstehende Ausführungen könnten Dir nützen. Schwarze Flecken erhält man entweder von einem dominanten schwarzen Hund (BB) oder einem hybrid schwarzen Gen (Bb). Braune Flecken erhält man nur von einem rein rezessiven (bb) Gen. Daraus ergibt sich:

1. Zwei Braune gepaart bringen nur braungefleckte Welpen.
2. Schwarzgefleckte mit Braungefleckten bringen manchmal braungefleckte Welpen.
3. Schwarze mit Schwarzen bringen in der Regel schwarzgefleckte Welpen, manchmal kann aber auch ein braungefleckter Welpe dazwischen sein.

Dominantes Schwarz (BB) läßt sich erst über einen längeren Zeitraum von Testpaarungen aus den sich daraus ergebenden Welpen bestimmen. Dominant Schwarze bringen nur schwarzgefleckte Welpen, gleich ob mit Schwarzen oder Braunen gepaart. Ein »rezessiv schwarzer« (Bb) wiederum kann braune Welpen bringen, mit braunen Partnern wie auch mit Partnern mit rezessiv schwarzen Genen (Bb).

PAARUNG Hast Du Dich für einen Rüden entschieden, solltest Du die Einzelheiten der Paarungsbedingungen ausführlich besprechen. Bei den meisten Zuchtrüden ist das Deckgeld zum Zeitpunkt der Paarung fällig. Dies alles ist eine Frage der jeweiligen Vereinbarung zwischen Rüden- und Hündinnen-Besitzer. Sobald Du feststellst, daß die Hitze der Hündin beginnt, solltest Du den Rüden-Besitzer unterrichten um eine genaue Zeitplanung vorzunehmen. In der Regel reist man mit der Hündin zum Rüden. Die meisten Tierärzte führen auf Wunsch Abstriche durch, um zu bestimmen, wann der richtige Paarungstag ist.   Mit solchen Tests habe ich über viele Jahre gute

Dalmatiner-Welpen werden weiß geboren. Dieser Wurf ist gerade zwei Tage alt.

Mit zehn Tagen fangen die Flecken an sich zu bilden, mit zwölf bis vierzehn Tagen öffnen sich die Augen.

OBEN: Dalmatiner sind
in der Regel gute Mütter,
bieten ihren Welpen über
die ersten zwei Lebens-
wochen alles, was sie
brauchen.

RECHTS: Etwa mit vier
Wochen entwickeln sich
die Welpen bereits zu
eigenen Persönlichkeiten.

DALMATINER

Erfahrungen gemacht, sie müssen aber immer eine ganze Folge von Abstrichen enthalten (Wiener Modell), um wirklich zuverlässig zu sein.

Selbst wenn Du keinen Abstrich machen läßt, empfehle ich, zu Beginn der Hitze den Tierarzt aufzusuchen, um sicherzustellen, daß bei Deiner Hündin keine Scheideninfektionen vorliegen, die auf den Rüden übertragen werden könnten. Am Decktag solltest Du Deine Hündin so ruhig wie möglich halten, dafür sorgen, daß sie sich vor der Abfahrt im Freien lösen konnte.

Ist die Reise lang, muß sie nochmals Gelegenheit zum Urinieren haben, ehe sie mit dem Rüden zusammengebracht wird. Jeder Rüden-Besitzer hat seine eigene Methode mit seinem Rüden. Einige haben einen Außenauslauf, in dem die Paarung erfolgt, andere einen geschlossenen Raum, einige bitten den Hündinnen-Besitzer um Hilfe, andere nicht. Dies alles hängt von den Erfahrungen, Gewohnheiten und Eignung der Hundebesitzer ab.

Bringt man die Hündin sofort mit dem Rüden zusammen, könnte sie sich ihm gegenüber durchaus aggressiv zeigen. Kein Grund zur Panik - dies ist völlig normal. Vorausgesetzt es ist wirklich der richtige Tag bei der Hündin, wird sich die Anfangsaggression schnell legen. Die Hündin läßt sich vom Rüden umwerben, ist sie bereit, stellt sie sich dem Rüden, dreht die Rute zur Seite, die Scheide hebt sich an, der Rüde besteigt sie, und die Paarung nimmt ihren Lauf.

Danach bleiben Rüde und Hündin für einige Zeit aneinander gekoppelt, Penis und Vulva sind verknotet (tie). In der Regel steigt der Rüde dabei ab, wendet sich, und Rüde und Hündin stehen Rute gegen Rute. Einige Rüden steigen nur mit den Vorderläufen ab, stehen dann neben der Hündin. Das »Hängen« kann manchmal nur wenige Minuten, aber auch wesentlich länger (bis zu einer Stunde, zehn bis zwanzig Minuten sind der Regelfall) dauern. Über diese Zeit solltest Du Deine Hündin immer beruhigen, ihr nicht erlauben, vom Rüden wegzuziehen und ihn dadurch verletzen.

TRAGEZEIT Nach der Paarung sorge dafür, daß die Hündin unbedingt für den Rest ihrer Hitze von allen anderen Rüden ferngehalten wird, noch weitere zehn bis zwölf Tage. Die Tragezeit beträgt bei Hunden in der Regel neun Wochen (63 Tage), wobei der Wurftag auch um einige Tage früher oder später liegen kann.

Über die ersten Wochen nach der Paarung bedarf die Hündin keiner zusätzlichen Fütterung oder zarten Behandlung, ihr Leben sollte völlig normal weitergehen. Möchtest Du Dich vergewissern, ob sie trägt, können Tierärzte mit Erfahrung nach drei bis vier Wochen durch Abtasten einen Hinweis geben, dieser ist aber keinesfalls hundert Prozent zuverlässig. In manchen Gegenden besteht die Möglichkeit der Ultraschalldiagnose. Nach sechs Wochen ist durch Röntgen der Hündin die Schwangerschaftsdiagnose möglich. Wenn Du allerdings nur neugierig bist, und es besteht kein zwingender Grund, dann sollte man in Geduld abwarten, die Hündin keiner Röntgenbestrahlung aussetzen.

Nimmt man an, daß die Hündin wirklich trägt, kann man nach etwa fünf Wochen die Futtermenge geringfügig vergrößern. Wichtig ist eine Futterumstellung in Richtung auf einen höheren Prozentsatz von Protein zu Lasten von Kohlehydraten. Achte darauf, daß die Hündin kein zusätzliches Fett ansetzt, meistens am Bauch- und Rippenbereich - das wäre für die Geburt nur hinderlich.

DALMATINER-ZUCHT

Wird Deine Hündin runder und runder, sollte sie in ihrer Bewegung etwas eingeschränkt werden, insbesondere darf man ihr nicht gestatten, Hindernisse zu über-
springen. Etwa nach sieben Wochen wird die Hündin ziemlich schwer, insbesondere
wenn sie viele Welpen trägt. Sie braucht etwas mehr Qualitätsnahrung, aber keinesfalls zu große Mengen. Wird sie sehr stark, empfiehlt sich immer, ihr täglich mehrere kleine Mahlzeiten zu verabreichen, das ist besser als ein oder zwei große, die für
sie zu belastend werden.

Sicherlich warst Du Dir bereits vor der Paarung darüber im klaren, wo Deine
Hündin ihre Welpen bekommen sollte. Etwa eine Woche vor dem Wurf ist der richtige Zeitpunkt ihr diesen Platz zuzuweisen. Im Wurfraum brauchst Du eine Wurfkiste,
etwa 90 cm mal 120 cm (etwa einen Quadratmeter). Dieser Raum muß trocken und
zugfrei sein, Raumtemperatur etwa 28°C. Sicherlich hast Du auch genügend Platz
eingeplant, der notwendig wird, wenn die Welpen dann vier bis fünf Wochen alt sind.

DIE GEBURT
ERÖFFNUNGSWEHEN Zehn Tage bis eine Woche vor dem errechneten Wurfter-
min sollte die Hündin in den Wurfraum umziehen. Kurz vor der Geburt sinkt ihre
Körpertemperatur ab, meist beginnt sie damit, Papiereinlagen zu zerreißen, in der
Kiste ein Nest zu bauen. Sie wird recht ruhelos, steht auf, dreht sich, bereitet vor dem
Hinlegen erneut ihr Nest vor, manchmal beginnt sie leicht zu hecheln. Meist leckt
sich die Hündin über längere Zeitabschnitte im Scheidenbereich, die Scheide ist vergrößert, sehr weich. Über die letzten Stunden vor der Geburt verweigert die Hündin
häufig das Futter. Alle diese Handlungen sind erste Anzeichen der Wehen. Recht
charakteristisch für die Vorwehen ist ein laufendes leichtes Hecheln.
DIE GEBURT Das nächste Stadium der Geburt kündigt sich an, wenn man die einzelnen Wehen deutlich zu sehen vermag. Zwischen den Wehen liegt die Hündin oft
hechelnd, Rücken und Hinterläufe gegen den Kistenrand gestemmt. Bei der Geburt
erscheint der Welpe zunächst in der Scheidenmündung der Hündin, er ist noch in die
Fruchtblase eingehüllt. Zuweilen verschwindet er noch ein- oder zweimal, ehe eine
starke Preßwehe ihn endgültig austreibt. Der in die Fruchtblase eingehüllte Welpe
wird meist mit viel wäßriger Flüssigkeit ausgestoßen, später folgt die Nachgeburt.

Im Normalfall kümmert sich die Hündin sofort um ihren Welpen, beißt die Fruchtblase auf, frißt Flüssigkeit und Fruchtblase einschließlich Nachgeburt auf. Macht sich
die Hündin nicht daran, den Welpen zu säubern, solltest Du sie zum tüchtigen Lek-
ken ermuntern. Manchmal sind erstgebärende Hündinnen erschrocken, wissen ganz
einfach nicht, was sie zu tun haben. Verweigert sie ihre Pflichten, mußt Du den Welpen selbst mit einem Tuch kurz abrubbeln. Kein Grund zur Beunruhigung, wenn die
Hündin mit ihrem Welpen ziemlich grob umzugehen scheint, dies ist notwendig, um
den Welpen zum Atmen, alle Flüssigkeiten aus den Luftwegen zu bringen.

Weitere Welpen werden meist in regelmäßigen Intervallen von etwa zwanzig
Minuten oder mehr geboren. Jeder Geburt geht eine Reihe von Preßwehen voraus.
Manchmal treten auch größere Intervalle bis zu eineinhalb Stunden zwischen der Ge-
burt der Einzelwelpen auf. Zwischen den Einzelgeburten ruht die Hündin meist kurz.
Beobachtest Du starke Wehen, deutliche Anstrengungen der Hündin über eine ganze
Stunde, ohne daß ein Welpe geboren wird, mußt Du den Tierarzt rufen.

Dieser Sechserwurf ist von der Hündin völlig entwöhnt. Im Alter von sechs Wochen sind die Flecken deutlich sichtbar, man bekommt einen Eindruck, wie die Dalmatiner als Erwachsene aussehen.

Die Welpen spielen immer mehr miteinander, erkunden ihre Umwelt. Dies ist ein ganz wichtiger Abschnitt im Entwicklungsprozeß.

72

DALMATINER-ZUCHT

Möglicherweise liegt ein Welpe falsch oder eine andere Störung erfordert tierärztliche Hilfe. Keinesfalls solltest Du als Anfänger versuchen, selbst Deiner Hündin zu helfen, Du könntest mehr Schaden als Nutzen anrichten.

NACH DER GEBURT Sind alle Welpen geboren, wird sich die Hündin meist zu einer kurzen, wohlverdienten Ruhe legen, nachdem sie zuvor ihre ganze Familie gewaschen und gereinigt hat. Jetzt gibt man ihr etwas warme Milch mit Glukose und Honig angereichert. Zieht sich die Geburt über längere Zeit, kann man auch zwischen den Einzelgeburten eine Stärkung anbieten.

Jetzt solltest Du die Hündin hinausführen, damit sie sich löst. Einige Mütter verlassen ihre Welpen sehr zögerlich, hier mußt Du streng sein. Wenn sie außerhalb der Wurfkiste ist, wird die ganze Einlage entfernt, ein trockenes neues Lager geschaffen. Über die ersten Tage wird die Hündin nur sehr ungern ihre Welpen verlassen, auch wenn man ihr Futter oder etwas zu trinken anbietet. Lasse Dich hiervon nicht beeindrucken, bestehe darauf, daß sie sich in regelmäßigen Abständen löst. Jedesmal wird hierbei auch die Wurfkiste gesäubert. Über etwa weitere drei Wochen setzt sich der Ausfluß der Hündin fort - anfänglich hellrot, langsam wird er dunkler.

Ich habe die Geburt hier nur kurz beschreiben können und hoffe, es treten keine Probleme auf. Es ist jedoch sehr ratsam, über diese Frage ein Fachbuch zu lesen, das auch eventuell eintretende Schwierigkeiten ausführlich behandelt. Sehr empfehlenswert hierfür ist: *Dr. D. Fleig - TECHNIK DER HUNDEZUCHT (Kynos Verlag).* Es besteht auch die Möglichkeit, einen erfahrenen Züchter zu bitten, bei der Geburt mit dabei zu sein. Wenn man sie braucht, hat man fachkundige Hilfe zur Hand.

FÜRSORGE FÜR HÜNDIN UND WELPEN

FÜTTERUNG Nachdem die Hündin sich ausgeruht hat, erhält sie ein leicht verdauliches Futter, zum Beispiel Rührei oder Reispudding. Junge Mütter lieben zu dieser Zeit nicht immer ihr gewohntes Futter. Nach Möglichkeit solltest Du ihr jetzt ein Futter geben, das eigens für säugende Hündinnen entwickelt wurde. Dies enthält alle notwendigen Mineralien, die sie braucht, um größere Milchmengen bereitzustellen und dabei völlig gesund zu bleiben. Ist solches Spezialfutter nicht verfügbar, achte darauf, daß Deine Hündin eine ausgewogene, proteinreiche Nahrung von sehr guter Qualität erhält, auch große Flüssigkeitsmengen, um genügend Milch zu entwickeln.

Von der Geburt an bis etwa zur dritten oder vierten Woche braucht die Hündin nach und nach immer mehr Futter und Flüssigkeit, bis zum Dreifachen der Normalmenge, insbesondere wenn sie einen großen Wurf ernähren muß. Wenn man dann nach und nach darangeht, die Welpen von der Muttermilch zu entwöhnen, müssen parallel hierzu Nahrung und Flüssigkeit wieder reduziert werden. Zum Zeitpunkt, da die Welpen mit etwa sechs Wochen voll entwöhnt sind, sollte auch die Hündin wieder ihre normale Futtermenge erhalten.

Über die ersten zwei Wochen bedarf es nicht viel mehr Arbeit als Wurfkiste und ihre Bewohner sauber zu halten. Im Normalfall besorgt die Hündin alles übrige, insbesondere Fütterung und Säubern ihrer Welpen. Etwa mit dreieinhalb Wochen werden die Welpen an Zusatzfütterung gewöhnt. Damit beginnt die Entwöhnung von ihrer Mutter. Ich habe immer mit kleinen Fleischmengen begonnen, erstklassiges Schabefleisch, auf Körpertemperatur erwärmt.

DALMATINER

Nimm einen Welpen nach dem anderen, setze ihn auf Deinen durch ein Handtuch geschützten Schoß. Gib jedem Welpen eine kleine Portion, indem Du sie ihm mit dem Finger leicht gegen das Mäulchen drückst. Die meisten Welpen beginnen bereitwillig zu lecken, bei einigen braucht man mehr Überredung, wieder andere beginnen nur mit ganz kleinen Mengen. Wiederhole mehrfach täglich diese Übung, bis die Welpen das Fleisch gerne nehmen. In diesem Stadium kann auch industriell hergestelltes Welpenfutter angeboten werden, man füttert es nach den Anweisungen des Herstellers. Haben die Welpen gelernt, das Futter aufzulecken - es dauert meist zwei bis drei Tage - werden die Fleischmahlzeiten größer, zweimal täglich, morgens und abends serviert. Jetzt gewöhnt man die Welpen auch an Milch mit Zeralien, dieses Futter erhalten sie zunächst einmal, dann zweimal täglich, zur Mittagszeit und vor dem Schlafengehen. Dabei können die Mahlzeiten entweder jedem Welpen einzeln gefüttert werden oder auch aus ein bis zwei gemeinsamen niedrigen Schüsseln.

Mit dem Tierarzt solltest Du für Hündin wie Welpen die richtige Entwurmung festlegen. Erstmals entwurmt wurde die Hündin bereits vor der Paarung. Die Veränderung des Hormonspiegels bei einer tragenden Hündin scheint die bei den Hündinnen vorhandenen schlafenden Wurmeier zu aktivieren. Dies führt dazu, daß Mutter wie Welpen meist starken Wurmbefall aufweisen. Vor dem Verkauf müssen alle Welpen regelmäßig entwurmt werden.

WURFKONTROLLE Bei der Überprüfung des Wurfes, gerade wenn die Welpen geboren sind, ihre Mutter sie noch reinigt und trocknet, kann man die Fleckung auf der Haut beobachten. Hieraus erhält man einen Hinweis des Fleckenmusters, das der Hund als Erwachsener haben wird (manchmal dringen nicht alle diese Flecken voll durch). Hat die Hündin den Welpen gesäubert, verschwinden die Flecken, hinterlassen den Welpen rein weiß.

Verbleibt nach der Reinigung durch die Hündin auf dem Fell ein deutlicher Farbfleck, bezeichnet man diesen als »patch«, beim Dalmatiner sehr unerwünscht. Da dies ein so unerwünschter und erblicher Fehler ist, lassen manche Dalmatiner-Züchter jeden derart mit Flecken behafteten Welpen durch den Tierarzt töten, insbesondere wenn sie einen großen Wurf haben. Nach dem deutschen Tierschutzgesetz und den Gesetzen vieler anderer Länder ist dies nicht gestattet, vielmehr strafbar! Tötet man die Welpen nicht, sollte man sie später ohne Papiere, keinesfalls für die Zucht, verkaufen. Richtige Fleckung dringt durch, wenn der Welpe etwa acht bis zehn Tage alt ist, jeweils nur ein paar Haare. Jeder Tag bringt hier Veränderungen, bald kann man die Hunde klar unterscheiden. Manchmal ist Pigment auf Nase und Augenlidern bereits bei der Geburt vorhanden. Wenn nicht, erscheint es von Tag zu Tag stärker, erst ein oder zwei kleine Flecken, dann füllt sich nach und nach der gesamte Bereich.

Öffnen sich die Welpenaugen, erscheinen sie zunächst blau. Handelt es sich um ein Dunkelblau, verändert sich dies langsam zu Braun. In der Regel ist es so, je dunkler das Blau, desto dunkler wird auch das Braun sein. Ist jedoch das Auge hell himmelblau, entwickelt es sich immer zum blaufarbigen Auge. Manchmal ist ein Auge auch teils blau, teils braun. Man nennt dies im allgemeinen einen blauen Fleck.

UNTERSUCHUNG AUF TAUBHEIT Taubheit ist ein ganz wichtiges Problem. Jeder verantwortungsbewußte Züchter sollte jeden Wurf genau überprüfen und feststellen, ob ein Welpe betroffen ist. Es gibt drei Grade des Hörvermögens beim Dalmatiner:

Normales Hörvermögen - der Hund kann auf beiden Ohren hören.

Einseitige Taubheit (Uni-Lateral Deafness) - der Hund ist auf einem Ohr taub.

Beidseitige Taubheit (Bi-Lateral Deafness) - der Hund ist auf beiden Ohren völlig taub.

Der einzige sichere Weg, das Hörvermögen zu kontrollieren, besteht in einem wissenschaftlich durchgeführten Hörtest, zur Zeit kann man auf keine andere Art einseitige Taubheit diagnostizieren. Viele Rassehundezuchtvereine haben offizielle Testsysteme entwickelt, und alle verantwortungsbewußten Züchter lassen ihr Zuchtmaterial testen.

Ein beidseitig - total - tauber Welpe sollte getötet werden. Man kann ihn weder selbst behalten, noch verkaufen oder verschenken. Diese Hunde können kein normales - wie ein hörender Dalmatiner - Leben führen, und bricht ein solcher Hund einmal aus oder geht verloren, läuft er Gefahr, schnell in einen Unfall verwickelt zu werden, weil er den Verkehr nicht zu hören vermag. Drücke Dich nicht von der Verantwortung - denke an das künftige Wohlergehen des Hundes.

Einseitig taube Welpen sind als Familienhund absolut akzeptabel, niemals darf man aber mit ihnen züchten. Wissenschaftliche Untersuchungen haben ergeben, daß eine Einschränkung der Zucht auf normal hörende Elterntiere das Auftreten von Taubheit bei den Nachkommen mindert. Umgekehrt vermehrt die Zucht mit einseitig oder beidseitig tauben Elterntieren das Auftreten von Taubheit unter den Nachkommen. Die genetischen Forschungen über die Taubheit bei Hunden werden fortgesetzt, es ist zu hoffen, daß eines Tages die »Träger« der Krankheit identifiziert und aus künftigen Zuchtprogrammen ausgeschlossen werden können.

WELPENVERKAUF Wenn Käufer an Deinen Welpen interessiert sind, erinnere Dich all der Fragen, die man Dir selbst stellte, als Du Deinen Welpen kauftest. Scheue Dich nicht, die gleichen Fragen zu stellen. Das künftige Wohlergehen, Glück und die Sicherheit Deiner Welpen liegen immer in Deiner Hand.

WEITERE LITERATUR
Nachstehende Bücher zu Fragen der Hundezucht sind besonders empfehlenswert:
Dr. Dieter Fleig - TECHNIK DER HUNDEZUCHT
Malcolm B. Willis - GENETIK DER HUNDEZUCHT
Eberhard Trumler - EIN HUND WIRD GEBOREN

Dalmatiner sind eine robuste, sportliche Hunderasse. Bei guter Ernährung und regel-mäßigem Auslauf gibt es wenig gesundheitliche Probleme.

Kapitel 8

GESUNDHEITSFÜRSORGE

Dalmatiner sind robuste, unempfindliche Hunde, haben wenig Gesundheitsprobleme. Mit gut ausgewogener Ernährung und regelmäßigem Auslauf sollte Dein Hund ein langes Leben mit wenigen Besuchen beim Tierarzt leben. Im allgemeinen sind es nur Routineuntersuchungen und Schutzimpfungen. Dennoch sollten alle verantwortlichen Hundebesitzer einiges über Hundeerkrankungen und Hundeparasiten wissen, um ihre Hunde stets in bester Verfassung zu halten.

ALLGEMEINE STÖRUNGEN

MAGENDREHUNG   Gelegentlich tritt bei mittelgroßen Hunden - kurz nach der Fütterung - eine Magendrehung auf. Der Magen füllt sich schnell mit Gas, schwillt an, dreht sich (gastric torsion). Der Hund leidet große Schmerzen, das Atmen wird schwierig, manchmal versucht er zu würgen, vermag aber nicht zu erbrechen. Immer handelt es sich um einen *dringenden Notfall*, sofortige tierärztliche Hilfe ist nötig. Selbst nur wenige Sekunden Verzögerung können zum Tode führen. Für diese Erkrankung gibt es keine klare Ursache, aber übermäßiges Trinken nach Trockenfütterung, extreme Bewegung kurz nach den Mahlzeiten, ein zu großes Einzelmahl, selbst sogar extremes Luftschlucken beim Fressen, wie es bei gierigen, schnellen Fressern passiert, können auslösende Faktoren sein. Nach den Mahlzeiten sollte man ein Auge auf den Hund haben, wenn er sich ungewöhnlich verhält.

FLOHBEFALL   Flöhe lassen sich im Dalmatinerfell leicht erkennen, aber selbst wenn man keinen Flohbefall feststellt, sollte man routinemäßig eine Antiflohbehandlung durchführen. Besonders wichtig ist dies über die Sommermonate, es gibt hierfür leicht anwendbare Sprays oder Shampoos. Flöhe leben auch auf Teppichen, im Lager ringsum. (insbesondere in zentralgeheizten Räumen). Bei Flohbefall ist es deshalb notwendig, auch das Lager des Hundes zu reinigen, alle Stellen zu behandeln, auf denen der Hund gewöhnlich liegt. Flöhe sind Gastwirte der Larven anderer Parasiten, sollten deshalb immer bekämpft werden.

IMPFUNGEN   Die erste Welpen-Schutzimpfung gewährt für etwa ein Jahr Schutz. Weitere Auffrischungsimpfungen sollten mit dem Tierarzt besprochen werden, denn manche Krankheiten sind in bestimmten Bereichen besonders häufig, stärkerer Schutz ist nötig. Die meisten Wiederholungsimpfungen erfolgen jährlich.

ÜBELKEIT UND DURCHFALL   Hat Dein Hund sehr weichen Stuhlgang oder erbricht er, solltest Du ihn vierundzwanzig Stunden nicht füttern. Er erhält ausschließlich kühles, abgekochtes Wasser zum Trinken, keinesfalls Milch - danach ein leicht verdauliches Mahl. In zahlreichen Fällen lösen diese Maßnahmen das Problem. Erbrechen erfolgt auch, wenn der Hund etwas Gras gefressen hat, es in einem kleinen Klumpen wieder auswürgt. Dies ist normal, kein Grund zur Besorgnis.

WURMBEKÄMPFUNG   Vor dem Kauf sollte ein Welpe beim Züchter gut entwurmt worden sein, aber auch nach dem Umzug in ein neues Umfeld kann Wurmbefall

DALMATINER

wieder eintreten. Am besten entwurmt man einen Welpen zwei Wochen nach seiner Ankunft, zehn Tage später noch einmal. Wenn Du danach alle sechs Monate eine Wurmkur vornimmst, sollte Dein Hund relativ frei von Wurmbefall sein. Es gibt Wurmmedikamente in vielen Formen, flüssig, als Tabletten oder Granulat. Am besten fragt man seinen Tierarzt. Die Behandlungsvorschriften sind zu beachten und das für den Wurmbefall richtige Mittel einzuetzen. Es gibt drei verbreitete Wurmarten:
Spulwürmer: Diese sind außerordentlich verbreitet, die meisten Welpen leiden unter Spulwurmbefall. Sie sehen wie ein weißes Stück Spaghetti aus, sind fünf bis acht Zentimeter lang, werden bei stärkerem Befall im Stuhlgang ausgeschieden.
Bandwürmer: Seine Glieder sehen aus wie große Reis- oder Gurkenkörner, meist findet man sie in der Behaarung rund um den After und im Kot.
Hakenwürmer: Diese Wurmart tritt in bestimmten Ländern vermehrt auf, der Tierarzt berät über die richtige Behandlung.

Immer besteht eine geringe Übertragungsgefahr der Wurmlarven auf Menschen, insbesondere auf Kinder. Schon deshalb ist es wichtig, daß Hunde von allen inneren Parasiten freigehalten werden; Kindern muß man beim Umgang mit Hunden die notwendige Hygiene beibringen.

WANN BRAUCHT MAN DEN TIERARZT?
1. Bei jedem plötzlichen Gewichtsverlust.
2. Wenn Erbrechen oder Durchfall nach der beschriebenen Behandlung andauern, insbesondere wenn sich im Stuhlgang Blut zeigt.
3. Wenn der Hund über mehr als einen Tag Futter verweigert (Dalmatiner verweigern selten grundlos die Nahrung).
4. Bei irgendwelchen Blutungen am Penis oder Ausfluß aus der Scheide (wenn nicht durch die Hitze der Hündin ausgelöst).
5. Bei Lahmheiten, die nicht nach wenigen Tagen verschwinden.
6. Bei exzessivem Durst, es sei denn, er wäre durch besonders heiße Witterung ausgelöst.
7. Bei Blutungen aus Fang oder Zahnfleisch, wenn der Atem streng riecht.
8. Bei jeder ausgeprägten Verhaltensänderung.

Hast Du ein Gefühl im Magen, daß ein Problem ansteht, denke daran: Dein Hund hat keine medizinischen Bücher gelesen, seine Symptome und Reaktionen sind wahrscheinlich in keinem Handbuch aufgeführt. Dein Gefühl könnte Deinem Hund eine Menge Schmerzen ersparen, wenn Du darauf achtest, Deine Gefühle nicht verdrängst! Noch ein Hinweis: Es gibt ein vorzügliches kleines Buch in der *Kynos Ratgeber Serie: Tim Hawcroft - ERSTE HILFE BEI HUNDEN!*

ERBKRANKHEITEN
KREBSERKRANKUNG Leider scheint Krebs in dieser Rasse häufiger aufzutreten als in anderen, es dürfte auch eine gewisse Anfälligkeit bestimmter Familien geben. Behandlungen wie Chemotherapie und Bestrahlung werden mehr und mehr angewandt. Aber in einigen Fällen ist leider Euthanasie die einzige Antwort.
TAUBHEIT Es ist bekannt, daß von allen Hunderassen Dalmatiner am stärksten von Taubheit befallen sind. Von siebenunddreißig Rassen ist bekannt, daß Hörstö-

rungen auftreten. Wissenschaftliche Untersuchungen haben ergeben, daß ungefähr 25% der Dalmatiner-Welpen betroffen sind (Kapitel 7: Dalmatiner-Zucht).

ENTROPIUM Dalmatiner stehen nicht auf der Liste der Rassen mit erblichen Augenleiden, trotzdem kann Entropium auftreten. Hierbei drehen sich ein oder beide Augenlider nach innen. Der durch die Augenwimpern auf dem Auge ausgelöste Juckreiz kann auf der Hornhaut zur Geschwürbildung führen und sehr schmerzhaft sein. Beobachtest Du bei Deinem Dalmatiner stärkeren Augenausfluß, solltest Du immer den Tierarzt um Rat bitten. Ist der Zustand schwer, bedarf es eines Eingriffs. Es handelt sich um eine kleine Operation, die - was den Hund angeht - völlig erfolgreich verläuft. Man sollte aber nie mit einem Hund mit Entropium oder anderen Augenproblemen züchten.

HÜFTGELENKSDYSPLASIE Dies ist eine Mißbildung des Gelenks, bei dem der Oberschenkelkopf nicht richtig in der Hüftpfanne sitzt. Je nach Stärke der Mißbildung kann es zu verschiedenen Graden von Lahmheiten und Schmerzen führen. Diese Krankheit ist erblich, aber auch Umwelteinflüsse können sie verschlimmern. Man achte deshalb darauf, daß ein Junghund nie zuviel Gewicht trägt, nicht auf schlüpfrigem Boden wild umherspielt, während der Wachstumszeit nicht treppauf treppab rennt. Junge Knochengelenke werden nur zu leicht geschädigt.

Man kann auf HD röntgen, es gibt offizielle Auswertungsregeln. In England werden die Aufnahmen nach Punktzahlen ausgewertet, die Punktzahl je Hüfte beläuft sich auf 58 Punkte. Mit Hunden hoher Punktzahl darf nie gezüchtet werden.

NIEREN- UND BLASENPROBLEME In diesem Bereich treten bei einigen Dalmatinern Probleme auf, es können sich bei ihnen »Nierensteine« bilden. Ursache ist, daß sie das Protein in ihrer Nahrung nicht zu absorbieren vermögen. Vorausgesetzt die Erkrankung verläuft nicht zu schwer, kann sie im Normalfall durch Spezialdiät und genügend Flüssigkeitsaufnahme unter Kontrolle gehalten werden. Zeigt Dein Hund beim Urinieren Schwierigkeiten oder tritt Blut im Urin auf, solltest Du ihn sofort zum Tierarzt bringen, am besten nimmst Du gleich eine Urinprobe mit. Diese Erkrankung befällt Rüden häufiger als Hündinnen. Sie scheint auch auf bestimmte Familien beschränkt zu sein, ist in der Dalmantiner-Rasse nicht verbreitet.

HAUTPROBLEME Viele Dalmatiner leiden unter Hautproblemen, sie werden meist als »Dally rash« bezeichnet. Am verbreitetsten treten Hautentzündungen auf, an zweiter Stelle steht das Auftreten von Ödemen in Pustelform. Diese Pusteln haben meist einen »weißen Kopf«, manchmal treten sie auch unter der Haut in kleinen Klümpchen auf. In der Regel wird das Haar in diesem Bereich fleckig, weiße Haare werden rosa oder schmutzigbraun, das Fell erscheint wachsartig verschmiert - oder es tritt in diesem Bereich beachtlicher Haarausfall auf. Manchmal folgt beim Dalmatiner auf das verfärbte Haar Kahlheit. Es bedarf zumindest eines kompletten Haarwechsels, um verfärbtes Haar wieder zu erneuern.

Auslöser dieser Erkrankung ist in der Regel die Demodexmilbe, die in den Haarfollikeln lebt. Normalerweise sind diese Milben in kleiner Zahl bei Hunden immer vorhanden, lösen auch aufgrund des natürlichen Immunsystems des Hundes keinerlei Probleme aus. Wächst jedoch ihre Anzahl, kommt es zum Ausbruch der »Dally rash«, denn das Immunsystem wird nicht länger damit fertig. Diese plötzliche Ver-

Wenn Dein Hund älter wird, sorge dafür, daß er es auf seine alten Tage gemütlich hat.

mehrung und Unausgewogenheit kann durch viele Ursachen ausgelöst sein, dazu gehört auch Streß. Manchmal reicht ein kleiner Kratzer oder Schnitt. Frühling und Frühsommer sind die Zeiten, in denen die Krankheit am häufigsten auftritt. Die Milbe wird ursprünglich von der Mutter auf den Welpen übertragen, in erster Linie während der ersten Tage nach der Geburt. Junghunde kommen mit zunehmender Reife aus der Gefahrenzone, da auch ihr Immunsystem reift. Tritt jedoch Demodexbefall beim erwachsenen Hund auf, ohne daß er sofort behandelt wird, kann es sehr schwierig werden. Der obere Bereich des Kopfes ist in der Regel die erste Stelle, in der »Dally rash« auftritt, es kann aber auch jeden anderen Körperteil betreffen.

Wird die Ursache für das plötzliche Ungleichgewicht aufgespürt und beseitigt, besteht die Möglichkeit, gegenüber weiteren Problemen vorzubeugen. Die meisten Medikamente wirken nur gegen die Folgen der »Dally Rash«, beseitigen diese. Die Milben selbst lassen sich meist nur sehr schwer lokalisieren, manchmal bedarf es tiefer Hautgeschabsel oder Biopsie, um ein Ergebnis zu finden. Weil bei diesen Ausbrüchen das Immunsystem des Hundes geschädigt ist, sollte man für die Behandlung von »Dally rash« keine Steroide einsetzen. Es besteht wenig Gefahr, daß unter ausgewachsenen Hunden die Milbe übertragen wird - auch nicht auf Menschen - aber wegen der Übertragung zwischen Mutter und Welpen sollte man von einer Hündin keinesfalls züchten, ehe Milbenfreiheit garantiert ist.

SCHLUSSWORT Das Leben mit einem Dalmatiner auf den wenigen Seiten eines Buches zu beschreiben ist schwer. Es gibt Zeiten harter Arbeit, insbesondere wenn man lernt, mit einem recht selbstbewußten Junghund zurechtzukommen. Aber nach kurzer Zeit, mit Geduld und viel Liebe wird man reich belohnt, hat auf viele Jahre einen loyalen und echten Lebensgefährten. Der Dalmatiner ist eine herrliche Hunderasse, elegant in seinem Aussehen und fröhlich im Leben - eine wunderbare Ergänzung für jede Familie.